千年书香·探寻人类文明的足迹

真实与梦幻

——古老城垣里的神秘世界

侯书生 主编

中国石油大学出版社
CHINA UNIVERSITY OF PETROLEUM PRESS

图书在版编目(CIP)数据

真实与梦幻:古老城垣里的神秘世界 / 侯书生主编.
—东营:中国石油大学出版社,2016.11
(千年书香:探寻人类文明的足迹)
ISBN 978-7-5636-5387-4

Ⅰ.①真… Ⅱ.①侯… Ⅲ.①城市史—世界—通俗读物 Ⅳ.①K915—49

中国版本图书馆 CIP 数据核字(2016)第 265748 号

从 书 名:千年书香·探寻人类文明的足迹
书　　名:真实与梦幻——古老城垣里的神秘世界
主　　编:侯书生

责任编辑:郭月皎(电话　0532—86983564)
封面设计:高　建

出 版 者:中国石油大学出版社(地址:山东省青岛市黄岛区长江西路 66 号　邮编:266580)
网　　址:http://www.uppbook.com.cn
电子邮箱:suzhijiaoyu1935@163.com
排 版 者:青岛天舒常青文化传媒有限公司
印 刷 者:青岛炜瑞印务有限公司
发 行 者:中国石油大学出版社(电话　0532—86983437)
开　　本:120 mm×170 mm
印　　张:6.75
字　　数:125 千
版 印 次:2017 年 2 月第 1 版　2017 年 2 月第 1 次印刷
书　　号:ISBN 978-7-5636-5387-4
定　　价:16.00 元

Preface 前言

翻开人类社会的文明进化史，篇篇都记录着奇迹，章章都书写着辉煌。由于史料的缺失，生活在现代的人们无法想象，在距今数千年的远古，在生产力如此落后，科技水平极其原始的历史条件下，古人们是如何创造了那么多举世震惊的，至今仍无法破解、无法复制的伟大文明。特别是通过科考所呈现的古老城垣里的神秘世界，更是让我们叹为观止，令后来者仰视。

历史恰如一部玄妙难解的天书，千年风雨的冲刷，早已让我们丢失了破译的密码。历史又如一个眼花缭乱的迷宫，岁月时光的轮回，早已让我们迷失了入口与出口。从沉睡千年的楼兰古城到尘封许久的玛雅遗址；从迷光幻彩的胡夫金字塔到神秘消失的巴比伦空中花园；从魅力夺人的吴哥古迹到亦真亦幻的庞贝古城，多少雄霸四方的强国灰飞烟灭，多少堪称奇迹的城垣夷为平地，只为后人留下了残缺的回忆和迷离的传说。一座座辉煌的古城化为历史的尘埃，一个个昌盛的王国渐渐被人遗忘。

千百年过去，人们不由心生种种疑问：古人的传说难道只是个神话？先祖的创造难道只是后人的臆想？《荷马史诗》记述的难道只是作者的幻觉？文明的沿袭与相承难道只是行走在真实与梦幻之间？

感谢一代代执着探索的历史考古学家，感谢一个个舍命探险的历史发现者，是他们让消失的城邦复活，让古老的王国再现，让曾经失踪了很久的文明成果重见天日，让现代的人们懂得了：历史其实并不遥远。

《真实与梦幻——古老城垣里的神秘世界》，以历史全景扫描的真实镜头，记述了曾经不可一世的帝国王朝由盛而衰的消亡轨迹，揭示了曾经繁荣昌兴的古老城市由兴至败的历史因果。以近年来的考古新发现剥开历史的真相，以反复验证的科考实物警示无知的后人。全书汇集了大量的考古资料，收纳了众多历史科学的研究成果，为我们了解远古的历史，解密其中的真相提供了新鲜、有趣的史料参考。

编　者

2017 年 1 月

目　录

Contents

第一章 被历史湮没的神秘古国

历史是一部玄妙而难解、神奇而无常的天书。千年风雨的冲刷，让我们迷失了前人的足迹。沧海桑田的变化，让我们丢弃了破解的密码。于是，那曾经不可一世的庞大帝国，化为如歌的往事，被人遗忘。那曾经雄霸天下的盛世王朝，变作缕缕的青烟，随风而逝。多年来从没有人知道究竟是什么让古老的王国神秘失踪。而当历史的真相渐渐大白于天下时，我们看到的竟然是如此残酷和震惊的史实。

一、曾经辉煌的古国

史前文明，尽管科技原始，但昌兴绝不逊于当代。远古王国，尽管史料缺失，但辉煌绝对超出想象。这已被文明古国的一个又一个的考古新发现所证实。然而无论是高度文明的古巴比伦、古埃及还是中兴昌盛的古中国、古印度，很多显赫一时的强国，曾雄霸天下的王朝，如今都消失得无影无踪。考证其中的缘由，足以警示后人。

1. 创造璀璨文明的古巴比伦王国

在亚洲西部，有一条孕育人类文明的特殊地带。它，两头狭长，所以，这里也被叫作“肥沃的新月地带”。这片土地常年奔腾着幼发拉底河与底格里斯河，被称为两河流域。美索不达米亚平原正位于两河流域之间。它的名字来自希腊语，即两河之间的土地。早在公元前 19 世纪左右，美索不达米亚平原就孕育了人类历史上四大文明古国中最早的文明——古巴比伦文明。

公元前 3000 年末，阿摩利人大规模进入两河流域的美索不达米亚地区。阿摩利人发源于叙利亚草原和阿拉伯沙漠一带，是西亚古代民族，为闪米特人的一支，曾被称为强盗集团。

约在公元前 2025 年，阿摩利人纳普拉努姆在美索不达米亚地区建立起第一个由阿摩利人统治的王国——拉尔萨王国。拉尔萨王国成立时，美索不达米亚地区多国林立，群龙无首，南部有伊新和拉尔萨，北部有埃什嫩那、马里和亚述等国。在苏姆·埃尔出任拉尔萨国王的第一年——公元前 1894 年时，阿摩利人的首领之一苏姆·阿布在幼发拉底河左岸建起一个小城邦作为都城，这个当时名不见经传的小都城就是后来闻名世界的巴比伦城。

公元前 19 世纪初期，阿摩利人以巴比伦城为都，建立了一个国家，史称古巴比伦王国。巴比伦是位于幼发拉底河中游东岸的城市。在两大河流相距最近的地区，处于两河流域的中心，扼西亚商路要冲，战略和经济地位极为有利。

公元前1792年，古巴比伦王国出现了一位杰出的政治家与军事家——汉谟拉比。

汉谟拉比从父亲辛·穆巴里特手中继承了王位，成了古巴比伦国第六任国王。汉谟拉比以卓越的治国智慧留名于青史。他首先审时度势，巩固内部，发展经济，养精蓄锐，然后采取远交近攻的策略，与北方的马里和南方的拉尔萨结盟，三方合力消灭了南方的伊新。胸怀大略的汉谟拉比随后又帮助马里摆脱亚述，击败劲敌埃什嫩那后，再携手马里，击退了拉尔萨，接连击败两大对手之后，汉谟拉比立即掉转枪口，在公元前1757年将马里吞并。这样美索不达米亚地区只剩下亚述、埃什嫩那与古巴比伦三大强国了。

汉谟拉比将亚述、埃什嫩那列为心腹大患。多次与亚述交战后，使这支强敌失去了南部大片疆土，汉谟拉比在位的第38个年头，他又灭亡了埃什嫩那。为此志得意满的汉谟拉比自称为“世界四方之王”。至此，古巴比伦终于统一了两河流域间的美索不达米亚平原，创建了一个从波斯湾到地中海的中央集权奴隶制大国，缔造了历史上具有完整意义的古巴比伦王国。

汉谟拉比经多年努力，一人独揽国家的军政权、立法权和司法审判权，有一个庞大的官僚机构在他下面协助他进行统治。王国拥有一支常备军，军队中的战士拥有世袭的份地。村社农民在必要的时候也被征召组成军队。由国王任命地方行政系统中的各级官吏。颁布了法典，消除了原来各城邦的立法，把全国法令统一起来。

古巴比伦王国时农业、手工业、商业都比以前有了进一步的发展和提高。扬水工具、耕犁等都有了改进，普遍使用青铜工具。手工业的分工已经相当细，有制砖、缝纫、宝石匠、冶金等。国内外的商业贸易也有了发展，巴比伦、西帕尔等城都是重要的商业中心。

古巴比伦王国繁盛时，创造了极其伟大的文明。

古巴比伦最先流传的美丽神话经由口口相传以及后来由楔形文字记录下来，并派生为一个个宗教神话而广为流传，为世界其他宗教的创立和立论奠定了基础。与神话同时盛行的还有星宿崇拜，观测天象、预测吉凶等古巴比伦习俗，直接促进了占星术、天文学的发展。

古巴比伦人已能区别恒星与五大行星，还将已知的星体命名。他们观测出黄道 12 个星座，绘制出黄道 12 宫图形，还创造了历法，将一年分为 12 个月，一昼夜分为 12 时，一年分为 354 日，并设置了闰月。

古巴比伦人在数学方面发明了十进位和六十进位法，六十进位法应用于计算周天的度数和计时，至今为全世界所沿袭。古巴比伦人将圆周率计算到 3，已知应用勾股定理，能够计算截头方锥体的体积，而且还掌握了四则运算、平方、立方和求立方根、平方根法则，并且可解出含有三个未知数的方程式。

古巴比伦王国作为四大文明古国之一，不仅是《圣经》中伊甸园的原型地、阿拉伯名著《一千零一夜》的故乡，而且是世界上第一部较为完备的成文法典——《汉谟拉比法典》的诞生地，世界七大奇迹之一——“空中花园”的所在地。

古巴比伦王国创造了高度发达的世界文明，在它的影响下尼罗河文明和印度河文明日后逐渐发展起来，这才使希腊人学到数学、物理学与哲学，犹太人学到神学，阿拉伯人学到建筑学，当时顶尖的古巴比伦文明已传承四方，辉耀世界，福泽世代。近代学者曾总结列举出古巴比伦文明在世界历史上首创的27项“第一”：最早的圣经故事，最早的法典和立法者，最早的史学家，最早的药典，最早的农历，最早的宇宙进化论和宇宙论，等等。

然而，好景不长。汉谟拉比宣布退位后，他的强权统治却并未得到继承。此时的巴比伦王国外有埃兰和加喜特的接连侵袭，内有权力争斗和人民反抗，导致了强大的王朝急速没落下去。

汉谟拉比之后，古巴比伦王国又由萨姆苏伊卢纳等五位继任者勉强维持了约一个世纪。公元前1595年，古巴比伦王国与持有当时世界上最先进铁制兵器的赫梯王国发生战争。享有世界高度文明的古巴比伦王国遭到了灭国之灾，国家四分五裂，古巴比伦城也被洗劫一空。此后相当长的一段时期里，巴比伦又先后出现了若干小王朝，到公元前8世纪前后，两河流域地带兴起的亚述成长为一个庞大的军事帝国。公元前729年，古巴比伦王国正式被亚述帝国吞并。人类四大文明古国之一的古巴比伦王国彻底灭亡。

《汉谟拉比法典》是国王汉谟拉比在位期间制定的一部反映奴隶主统治阶级利益的法典，也是迄今为止世界历史上的第一部完整法典。这部成文法典包括序言、正文、结尾三部分，内容旨在维护财产私有制，全面调整自由民之间的关系，巩固现存秩序。这部法典的制定直接标志着古巴比伦王国乃至整个古西亚法律制度的进步，是汉谟拉比留给整个世界的一部法典巨著。

2. 中央集权的波斯帝国

波斯帝国的真正开创者是居鲁士。公元前550年，居鲁士消灭米底王国，建立阿黑门尼德王朝，定都苏撒，是为波斯帝国之发端。古波斯帝国建立之前，苏撒就已成为波斯的都城。苏撒是伊朗文明最早的发祥地。居鲁士大帝时期，苏撒是帝国四大都城之一，并开始在城内兴建宫殿。公元前529年，居鲁士在作战时兵败身亡，其子冈比西斯继位。公元前522年3月，波斯皇帝冈比西斯二世率大军远征埃及。有一个名叫高墨达的僧侣乘机冒充被冈比西斯处死的皇弟巴尔迪亚，在波斯各地和米底发动叛乱。叛乱持续了半年之久。皇帝冈比西斯二世在从埃及返回波斯的途中突然病死。高墨达便以巴尔迪亚的名义名正言顺地当上了皇帝。但他从不召见大臣，每天深居简出。这可不像一个皇帝所为，大臣们疑窦重重，一时之间，流言四起。有人说这个巴尔迪亚其实是拜火教僧侣高墨达，但苦于拿不出确凿证据。后来，冈比西斯二世过去的一位王妃发现新皇帝没有耳朵，并将这事告诉了父亲欧塔涅斯，欧塔涅斯马上断定新皇帝不是巴尔迪亚，而是僧侣高墨达。因为在居鲁士当皇帝时，这个高墨达由于过失被居鲁士下令割去了双耳。欧塔涅斯马上把真相告诉了另外的 6 名波斯贵族，其中包括后来的皇帝大流士一世。他们决定发动一次政变，杀死高墨达，夺回政权。政变成功后，大流士登基，号称大流士一世。

波斯帝国在大流士一世执政时期走向辉煌。一方面，他大肆进行军事征服，建立了一个庞大的帝国，版图东起印度河流域，西抵小亚细亚，北至欧洲的色雷斯，南及尼罗河第一瀑布。另一方面则厉行改革，采取了一系列行之有效的措施，取得了令人瞩目的成就。

当上皇帝后，大流士大力加强中央集权，树立权威。

他不仅自称“众王之王”，宣扬君权神授，还追求形式上的威仪。上朝时头戴闪闪发光的金皇冠，身穿绛红色的长袍，腰系金丝腰带，手握黄金“权杖”，端坐在金阶之上。身后则站立着大群高擎羽扇和大伞的随从和侍卫。大臣要跪在地上朝见，为了避免大臣的呼吸亵渎皇帝，在皇帝和大臣之间还要用帷幕隔开。为了保卫身家性命，他建立了一支 1.2 万人的卫队，人称“不死队”，他们的人数永远不变，随时有预备队补缺。

为了防止出现叛乱，他把全国分成许多军区，军区长官只对他一人负责，任何人无权调动军队。行政上以波斯贵族取代当地贵族担任行省总督，实行军政分治，直属国王。他还下令修筑了一条全长 2 000 多千米的驿道，称为“皇道”。沿途设 100 多个驿站，驿站的信差用接力的方法运送物资，十分快捷。大流士还下令挖了一条由尼罗河到红海的运河，这条运河就是现代苏伊士运河的前身。驿道、运河虽为军事目的而建且不止一条，但它们也促进了各地间的经济文化交流。

大流士还从法律上稳固自己的统治，编纂法典，修订各地原有法律，以适应帝国统治。他即位后就将各行省的贡赋固定下来，并统一了度量衡。他下令铸造和使用金币“大流克”，正面是他本人的头像，反面是一个弓箭手。现在，这种钱币成为古币收藏家眼中的珍品。

在解决国内民族众多、语言文字互异问题上，他没有实行“民族沙文主义”，而是把当时西亚流行的阿拉美亚语确定为全国通用的官方语言，用以发布诏令、公文，允许各地继续使用本地语言处理本地事务。在文学艺术上，波斯帝国也成就斐然。

然而，波斯帝国毕竟是一个依靠武力建立起来的多民族奴隶制国家，内部矛盾错综复杂，阶级冲突、民族冲突和宗教冲突频繁，帝国的统治危机迭现。希波战争中波斯的败北，使波斯帝国遭受重创，显赫一时的大帝国开始出现颓势。与此同时，帝国内部诸行省起兵反抗，要求摆脱统治。内外交困加剧了帝国的危机。

公元前 518 年，大流士迁都波斯波利斯。这座世界上最豪华的宫殿前后共花费了 60 年的时间，历经大流士等三个朝代才得以完成。根据波斯波利斯王宫正门上的铭文可知，大流士一世时代只完成了都城的宫殿、宝库、觐见大殿、三宫门等建筑。薛西斯一世修建了万国门和其余主要部分，从此，这座象征着阿黑门尼德王朝辉煌文明的伟大城邦，不仅是帝国的心脏，而且成了存储波斯帝国财富的巨大仓库，以高傲的姿态庄严地耸立在波斯平原上。公元前 330 年 3 月，亚历山大占领了波斯波利斯，随后将这座古城付之一炬。古波斯消失了，但古老的文明没有因此而彻底湮灭，因为无数的“贝希斯敦铭文”以及其他书写有楔形文字的泥板文书流传了下来。

波斯波利斯宫殿之火也成了人们了解波斯帝国的一个谜团，它标志着古波斯帝国的结束和希腊化时代的开始。此后，这座古代世界最雄伟的宫殿，就再无人居住，听任风吹雨打，日渐毁灭。它昔日的光辉也慢慢地被人们遗忘，只在伊朗的史诗和说唱文学中，留下了一些离奇古怪的神话传说，伴随着商路上的驼铃声，传向四面八方。

3. 繁荣一世的孔雀帝国

孔雀帝国是印度历史上一个强大的帝国，在它统治期间，出现了一位伟大的人物——阿育王。由于文献记载的不足，关于孔雀帝国的历史扑朔迷离，留下了很多不解之谜。

公元前 518 年，波斯国王大流士率军跨过兴都库什山，将印度的旁遮普省纳入波斯的帝国统治。波斯人的到来，使印度河流域迷雾重重，人们对这段历史至今依然无法捉摸。公元前 327 年，亚历山大大帝悄然光临这片土地，传说又是另一种景象，这更增加了历史的神秘性。

印度的文献没有提及亚历山大，目前所知的只是流传下来的关于他的一些所谓见闻，这些支离破碎的关于种姓法规、商品买卖、土著服饰、港口城市和死人火葬的记载，让历史学家和地理学家找到了发挥想象的空间，从而给亚历山大披上了更加离奇神秘的面纱。

亚历山大的到来远远胜过侵袭，短短两年的驻扎时间及其死后的几年中，他建立的陆海军对于发展海外贸易做出了巨大贡献，比如从印度西部经过阿富汗、伊朗到小亚细亚和地中海的商道，就发展得极为迅速。但是，由于亚历山大废除了印度西北部几个小国，所以在他去世后的几年里，也造就了一个政治真空。

于是，孔雀帝国填补了这一空缺。公元前322年，年轻将领旃陀罗笈多·孔雀夺取了摩揭陀国难陀王朝的王位，建立了孔雀帝国。旃陀罗笈多在位期间，组建了一支强大的军队，将势力向西北发展到包括恒河和印度河流域在内的广大领土。他还击败了亚历山大在中东的后继者塞琉古，公元前304年，塞琉古被迫媾和，把希腊公主嫁给了孔雀帝国的皇帝，这标志孔雀帝国成为当时一个强大的国家。孔雀帝国最强大的时期是阿育王统治时期，阿育王是旃陀罗笈多的一个孙子，关于阿育王有很多神秘的记载。

这个在亚历山大大帝侵略军撤退之后的废墟上建立起来的印度本土王朝，它的版图一直到16世纪莫卧儿王朝之前都未被超越。这个王朝奠定了印度大体上的疆域，而且很好地弘扬了印度古典文化。孔雀王朝第二代帝王宾头沙罗继位后，又征服印度南部德干高原，印度帝国呈现出空前强大的盛况，第三代帝王阿育王使孔雀王朝成为印度历史上最辉煌的黄金时代。

相传阿育王的母亲出生在一个婆罗门的家庭里，是一位美丽的女孩。一天星相家给她看相，预言她将来会做王后，生两个儿子，其中一位儿子将成为一个伟大的帝王。她长大以后，父亲就把她带到恒河岸上当时孔雀王朝的首都华氏城，送她到王宫去侍奉宫中的嫔妃。王宫中的嫔妃因她的美貌而惊慌，又听到了关于她的预言，于是她们设法防范她，避免让国王见到她。但是她并不失望，她相信星相家的预言，她相信自己的美貌足以动人。有一天她乘人不备，设法去见国王，国王果然十分喜欢她，决定娶她做王后。星相家的预言完全正确，她果然生了两个儿子，一个成为修道者，一个便是阿育王。阿育王幼年时十分顽皮，常常违拗父王的命令，他父亲说道："我不愿有这样一个倔强无礼、不识好歹的孩子，必须叫他尝尝苦头，我将叫他带兵去打仗。"这时恰巧五河地方发生叛乱，宾头沙罗便派阿育王去平定叛乱。宾头沙罗不管阿育王的死活，连战车和冲锋的象队也不派给他。阿育王也不和父亲争论，立刻动身，向五河进兵，竟然把叛乱平定了。

大约在公元前 273 年，宾头沙罗去世，阿育王即位。起初，他要学他祖父一样使人畏服，因此颇多暴行。他听说阴间有地狱之说，便建造地狱，以酷刑惩治犯人。

阿育王即位后第 8 年，印度南方和东南方都不在他的统治下，他要统一全印度，便出兵征讨正在兴起的羯陵迦国。尽管羯陵迦国人民顽强抵抗，阿育王的勇猛战士们还是冲进了羯陵迦国的首都。一夜的混战，杀敌 10 万，俘虏 15 万，尸横遍野，血流成河。阿育王进城巡视，只见一片瓦砾，到处是啼哭声。

阿育王胜利了，可他心里并不快乐，反而忧郁了。阿育王的人生态度发生了急剧逆转，战争的残忍让他不停地反思:15 万人作为俘虏被带走,10 万人被杀死,许多倍于这个数字的人死去……征服一个以前未被征服过的民族,包含着屠杀、死亡和放逐。

阿育王非常渴望一种"安全、理智、所有人内心平静、温和"的未来。阿育王接受了佛僧的说教,成为释迦牟尼的信徒。他一改以往的态度,用慈爱公平的方式对待他的人民,与邻国相处和睦。此后他就致力于佛教的传播,虽然乔达摩·悉达多创立了佛教,但印度阿育王的传播作用有过之而无不及。这个伟大的帝王将自己的敕令刻在岩石、柱子和山洞上,宣扬朴素、相互宽容和尊重生命的美德,由此大力发展公益事业。佛教宣扬的美德,促进了孔雀帝国的和谐发展,也让阿育王的统治长达 40 多年。但是,关于阿育王致力于佛教发展与因频繁的战争促使他进行反思的思想转变,孰先孰后恐怕是难以说明白。

阿育王虽然是一个热心的佛教徒,但他对其他的信仰也予以尊重。他在一道法文中说:"各教派都有一种或别种理由应受尊敬。照这样做,一个人就把自己的教派提高,同时对于别人的宗教也有贡献。"阿育王的仁政之一,是设立许多医院收容病人,还有兽医院医治牲畜,这大约是世界上最早的兽医院了。阿育王还是一位伟大的建筑师,他的王宫、那烂陀大学等许多宏伟的建筑都是他设计建造的。

考古发现,当时的建筑中许多木柱精密完美,在印度这个十分炎热而又虫蚁丛生的国度里真是个奇迹。阿育王把释迦牟尼的佛教定为国教，他到处朝拜佛迹，营造佛塔，供养佛僧，并把佛教的经、律、论用当时的巴利文写下来，从此佛教才有正式的经典。

阿育王治理下的印度，人民富足而善良。他当政 41 年，于公元前 232 年去世，他的事迹至今仍受到人们的尊敬。

4. 称雄阿拉伯半岛的阿克苏姆王国

公元前 7 世纪，南阿拉伯人越过红海，长途迁徙移居到埃塞俄比亚的东北部，他们在这里修建房屋，挖渠开道，耕种农作物。经年累月之后，这些南阿拉伯人逐渐被埃塞俄比亚土著居民同化，融为这里的本土居民，在这里代代传衍。

公元前 2 世纪，这片土地上渐渐兴起了一些大大小小的城邦。公元 1 世纪，这些城邦中较为强大的一个统一了周边各部，吸附了若干小国，将都城定在阿克苏姆城，这个王国便叫作阿克苏姆王国。

阿克苏姆王国初建时，红海沿岸的厄立特里亚一带是当时非洲农业发展的一个中心，也是东西方之间途经红海贸易的中转站。

当时的阿克苏姆国王阿菲拉斯紧紧抓住地利优势，依仗红海的过境贸易取得了巨额财富。公元 3 世纪，阿菲拉斯国王依据濒临红海的有利条件，依靠武力强行征服了阿拉伯半岛南端的也门地区，随后控制了所有通过红海的东西方贸易通道。

公元 320 年即位的阿克苏姆国王埃扎纳雄心勃勃。他在位期间，发动多次战争，对外不断扩展疆土。到了公元 4 世纪，厄查纳在位期间，又相继征服了埃塞俄比亚南部、库什王国和阿拉伯半岛南部的一些王国，当时的阿克苏姆王国北起埃及南部，南到索马里香料产区，西至尼罗河中上游，东达红海东岸，包括原先希米亚里特、莱丹尼特和萨巴等国领土在内的阿拉伯半岛南部地区，成为阿拉伯半岛雄霸一方的强权国家。

随后不久，阿克苏姆王国又控制了曼德海峡，紧扼古代世界东西方贸易交通要道。军力、经济方面的快速增长，使阿克苏姆王国跻身于当时世界一流强国之列。

从公元 3 世纪起，阿克苏姆国王开始使用“万王之王”的称号。在“万王之王”的统治下，王国分为本部领地和许多藩属地。本部领地由于距阿克苏姆城较近，由国王直接统治，藩属地多在边远地区，因为大小不一，所以有大、小藩王之分。

“万王之王”为充实国力，开始向各藩属地征收贡赋。贡赋主要分为两种方式，一种是藩属地统治者每年派专门人员向阿克苏姆送交定额贡赋；另一种是当“万王之王”为加强中央控制，带领王室人员、廷臣和扈从巡游各地时，沿途由各地及附近的藩属地统治者提供一切食用的东西。阿克苏姆王国管辖大大小小数百个藩属地，这些藩属地每年交纳的巨额贡赋为王国的军事力量提供了强大的经济支持。

阿克苏姆王国大力驯养野象，组建了骁勇善战的象骑军。这支象骑军训练有素，善于与各种兵配合作战，每逢有战事发生时，象骑军出阵，总能反败为胜，扭转战局。阿克苏姆王国还建有一支以红海港口为基地的海军力量，依靠这支武装力量，阿克苏姆王国控制了曼德海峡，扼守红海通道，取得红海霸权。当时的罗马作家曾把阿克苏姆王国与同时代的中国、罗马和波斯并列为世界四大强国。

阿克苏姆王国非常重视农业经济的发展。在公元5～6世纪时，阿克苏姆人就非常重视农田水利的建设，将山间的坡地开辟成梯田，接引溪水灌溉。同时又在平原上围堤筑坝，用以贮存大量雨水，以防旱季缺水。他们还普遍使用牛耕，经营的农作物有小麦、大麦、黑麦、芝麻、葡萄等。由于农业发达，阿克苏姆王国每年的农产品产量都比较可观，不但能满足国内的消费，而且还通过商船和商队运往其他国家，扩大了贸易往来。

由于得天独厚的地理位置，加上发达的海陆交通，阿克苏姆王国的对外贸易活动日渐频繁。当时的许多货物都集中在阿克苏姆王国的红海沿岸地区，然后再转运出口。出口货物有来自非洲内地的黄金、宝石，有从边远地区贩运来的奴隶，还有本国出产的各类农产品；进口的物资更是多种多样，有来自波斯的衣料和服装，来自意大利和叙利亚的酒类和橄榄油，有埃及的谷物、染料和布匹、丝绸，有阿拉伯半岛的白银和牲畜皮毛，有印度的小麦、大米、芝麻油和甘蔗，还有来自希腊的食用油等。阿克苏姆王国是当时世界上的第一流贸易大国。

贸易的兴盛直接推动了经济的繁荣。3 世纪时，阿克苏姆王国出现了金属货币，它也是热带非洲地区第一个铸造金属货币的国家。20 世纪，考古学家在今厄立特里亚、埃塞俄比亚北部、埃及、阿拉伯半岛的也门和汉志地区、苏丹的麦罗埃等地，都陆续发掘出这种阿克苏姆古币。这种铸币的出现与发行，标志着当时阿克苏姆王国的独立、强大与富裕。

阿克苏姆王国在数次对外战争中掠夺了无数的俘虏，这些俘虏被买卖后，有的用在生产劳动和家务劳动上，有的作为礼品馈赠他人，有的像牲口一样被杀死后当作祭品，还有的被派去充当士兵，重上战场。

7 世纪起，阿克苏姆王国周边的游牧部落不断向它发动大大小小的战争，尤其是居住在红海和尼罗河及阿特巴拉河之间山区的贝贾人烦扰不断。在阿克苏姆王国最强盛时，贝贾人一度臣服于它。后来这个部族分裂成许多小股势力，以游击战术与其他部族频频袭击阿克苏姆王国，给阿克苏姆王国造成了不小的危机。

此时，波斯人和阿拉伯人兴起，两支力量开始积极在红海地区扩展势力，原在红海沿岸占据统治地位的阿克苏姆王国毫无疑问地被视为眼中钉。这时候阿拉伯人已建立了强大的国家，改变了必经红海的贸易路线，开拓了一条从波斯湾北上直达地中海的新的贸易通道。这条贸易通道一经发掘，即垄断了东西方贸易，几乎毁灭性地打击了固守红海的阿克苏姆王国的商业势力。

一内一外两方危机，从军事和经济上极大地削弱了阿克苏姆王国的整体实力。当这个曾经强大的王国虚弱不堪时，对它窥视已久的阿拉伯人正式发动战争，直接进入红海地区抢占了这处极佳海域。到 8 世纪初，阿拉伯人一边垄断了海上贸易，一边深入内地，在阿特巴拉河和青尼罗河沿岸定居，后来又占领了阿克苏姆王国的海上贸易门户——阿杜利斯，彻底割断了阿克苏姆王国与亚、欧各国的经济联系。

国力空虚的阿克苏姆王国犹如被断去双腿，再也无力站起。贝贾人又联合法拉沙人急速扩张领土，直接威胁到阿克苏姆王国的中心城市——阿克苏姆城。被外族直插心脏的阿克苏姆王国不得不集体向南迁徙，继续踏上流亡之路。

公元 9 世纪后，阿克苏姆王国在历史上已鲜有人提及，到了公元 10 世纪，据传被犹太女王埃塞特所灭。这个强盛一时、曾经雄踞阿拉伯半岛的非洲文明古国就此沉寂。

阿克苏姆王国是埃塞俄比亚古代文明的优秀代表。这个王国在当时控制了通过红海的东西方贸易通道，在古代文明史上有极其突出的地位。

5. 世界文明史上的奇葩——玛雅古国

玛雅文明是拉美三大古代文明之一，美洲古代印第安文明的杰出代表，是中美洲印第安先民在与亚、非、欧古代文明相互隔绝的条件下，独自创造出的伟大文明。玛雅文明因印第安玛雅人而得名，现在主要分布在墨西哥南部、危地马拉、伯利兹以及洪都拉斯和萨尔瓦多西部地区。

玛雅人于公元前 400 年左右即建立了早期奴隶制国家，因为居民多是印第安玛雅人，因此被称为玛雅帝国。3～9 世纪玛雅帝国达至鼎盛，公元 9 世纪后开始走向衰落。

蒂卡尔和卡拉克莫原本是玛雅帝国中的两个强大的国家。蒂卡尔国位于危地马拉北部，卡拉克莫国位于今墨西哥境内、蒂卡尔北 96.5 千米处，而道斯皮拉斯则位于蒂卡尔西南方 112.6 千米处，是蒂卡尔城邦的军事要塞。

道斯皮拉斯城始建于公元 629 年，由于地理位置关键而特殊，大批翡翠、宝石、绿咬鹃翎、黄金货币等珍贵货物常常经过此地运往玛雅各城邦，道斯皮拉斯成为玛雅帝国对外开展贸易活动的黄金通道，更是历来兵家必争之地。在 7 世纪之后的 100 多年中，蒂卡尔和卡拉克莫之间发生了血腥冲突，道斯皮拉斯首当其冲成为两方争夺的焦点。

初时的道斯皮拉斯由蒂卡尔国王的弟弟卡维出任国王，与卡拉克莫结盟，双方一直相安无事。但在卡维国王20多岁时，北方的卡拉克莫国大举出兵，占领了道斯皮拉斯，卡维国王被迫投降卡拉克莫国。败军之将卡维在卡拉克莫国王的教唆下，对他的亲哥哥发起了整整10年的战争。战胜后的卡维在道斯皮拉斯进行了惨无人道的大规模杀戮——同宗同祖的哥哥被他处以极刑后拜祭神灵。

卡维国王胜利了，卡拉克莫国王无疑是最大的赢家，这时的玛雅极有可能发展成为一个更强大、更统一的大帝国。然而，战败后的蒂卡尔国让卡拉克莫国的统治欲望彻底成了泡影。蒂卡尔国在不久后即卷土重来，全力出击打垮了卡拉克莫。正当蒂卡尔准备收复失地时，另一个王国又盛起，再与蒂卡尔刀兵相见……整个玛雅世界从此进入了频繁而激烈的小规模战争时期，多方牵制，国力大损，常年征战，杀伐不断，失去了强大靠山的道斯皮拉斯在近百年的后续战争中早已穷途末路，苟延残喘。

公元760年前后，卡维王宫遭到近邻托玛瑞蒂托城的进攻，道斯皮拉斯王国这个曾经的军事要塞、黄金通道再也难以应付残酷的战争局面，就像多年前的蒂卡尔，遭到了斩草除根的大屠杀。根据18级台阶上的象形文字记载，托玛瑞蒂托城在发起进攻的8天后举行了“终结典礼”，他们砸烂了道斯皮拉斯的王座、神庙和刻板，一些逃亡贵族躲进了附近的阿瓜迪卡城，喘息了40年后被全部歼灭。这一次战争，道斯皮拉斯只给后人留下一个装有13个8～55岁的男人头颅的深洞。

公元820年以后，备受战事之苦的玛雅人不得不舍弃了他们曾创造辉煌文明的发源地，断然消逝在后人永远未知的角落，舍弃了这片千年间建立了无数城市的佩藤雨林，再也没有返回这片文明的发源地。玛雅帝国就此消亡。公元900年，玛雅文明宣告结束。

玛雅文明是美洲最重要的古典文化，是整个地球人类智慧的杰出代表。

玛雅人在农耕生产、手工业和商贸方面，都有令后人叹为观止的创造发明。玛雅人不会使用轮车，不会使用铜铁，但是却创造了高度的建筑文明。他们用石头建造了气势宏伟、富丽堂皇的神殿、庙宇、陵墓与石碑。他们在奇琴伊察建造了设计科学的天文观象台，在库库尔坎修建了精美绝伦的金字塔。

玛雅人在数学运算方面和天文历法方面达到了人类从未有过的高度。他们在数学方面比欧洲早800年发现了零，计算方法采用二、十进位制。此外，玛雅人还掌握了世界上最完美的历法——太阳历。

玛雅文字也是古代美洲文明中较为成熟出色的。它是象形文字和声音的联合体，常常刻写在建筑物、陶器、树皮、绢布上。玛雅文字词汇非常丰富，有3万多个，但今人能破译的尚不足三分之一，这也是为什么直到今天我们仍然不能更多了解玛雅文明的原因之一。

正如人生短暂如同朝露一般，这个创造出令现代人都为之惊奇的高度文明的玛雅帝国，在它的文明达到片刻辉煌之后戛然而止，从此消失。只有那一道道神秘色彩，一串串奇异现象，给现代人留下许多无法解释的谜。

6. 宗教文化荟萃的高昌古国

高昌，是中国古代吐鲁番沿用时间最久的名字，位于今中国新疆吐鲁番市东南的哈喇和卓，为东西交通往来的要冲。《北史·西域传》称："地势高敞，人庶昌盛，因名高昌。"高昌于公元460年建国，是古代新疆政治、经济、文化的中心地之一，也是连接中原、中亚、欧洲的重要枢纽，世界各地的宗教当时均先后经由高昌传入内地，可以说，这里是世界古代宗教最活跃、最发达的地方，也是世界宗教文化荟萃的宝地之一。

公元前1世纪，西汉大将李广利率队在吐鲁番附近设立高昌壁，修建了高昌城。此后，高昌城历经高昌郡、高昌王国、西州、回鹘高昌、和州、火洲等不同时期的历史演变，成为现在所称的"东方庞贝古城"。

历经几番朝代更迭的高昌由于位于丝绸之路要冲，各种宗教信仰纷纷经此传播到中原，当地人深受影响。佛教则是在高昌城兴建之时，从发祥地天竺经由丝绸之路辗转传入，先后影响了克孜尔、高昌、龟兹、楼兰、疏勒、于阗、敦煌等地。高昌作为"丝路重镇"之一，以"丝路佛国"的盛名为佛教在中土的发展做出了巨大贡献。

高昌壁在西晋时代被称为高昌郡。435 年，凉州人阚爽占据了高昌地区，自立太守。后来，当西凉唐契率军攻打高昌时，阚爽向北凉的残余势力沮渠无讳求救，并将自力、横截和高宁三地交其镇守，然而另有图谋的沮渠无讳却在 7 年之后重占高昌。阚爽无奈，只得逃往柔然暂避一时。

公元 460 年，柔然调派大军南下攻克高昌，杀死沮渠无讳的继承人沮渠安周，又立阚氏族人阚伯周为高昌王，正式确立国号为“高昌”，这一时期被史上称为“阚氏高昌”。

建国后，高昌凭借得天独厚的地理条件，加强与中原的交往，极力发展本国经济。当高昌国经过张氏高昌、马氏高昌、麴氏高昌 3 个王朝的统治之后，这里已发展成为当时西部最繁华的城市和商品贸易地，成为中国西北地区的政治、经济、文化中心之一。

高昌国到麴氏高昌王朝时，日渐强盛，国土东西达 800 里，南北达 500 里，堪称西域第一大国。638 年，唐朝著名高僧玄奘，也称三藏法师，曾在去往天竺求经时途经高昌，并与高昌王麴文泰拜为兄弟，留下了一段千古佳话。此后，高昌国王麴文泰渐渐不满于唐朝的管辖，致怒于唐太宗，当高昌出兵攻打邻国焉耆，焉耆向唐求救时，唐太宗马上命人率数万之众出兵讨伐高昌。

640 年，唐军在侯君集的带领下一路西进，顺利穿过沙漠与戈壁，直达高昌城下，不消几日便灭了麴氏高昌。

唐灭亡麴氏高昌后，在此设置了西州，下辖高昌、交河、柳州、天山、蒲昌5县。公元866年时，一支回鹘族占领了唐辖治下的高昌地区，开始进入高昌地区历史以来最为繁荣昌盛的时代——回鹘高昌。到了9世纪60年代，居住在北庭一带的回鹘人当中又出现了一位名叫仆固俊的新首领。此人便是高昌回鹘王国的真正缔造者。从此回鹘人以高昌为中心的政权逐渐巩固和扩大。这批回鹘人就是维吾尔族火焰山人的祖先。

回鹘高昌与麴氏高昌不同，建立初始便开始积极与中土大唐多次联姻。即使到了五代、宋、辽、西辽和元朝时，回鹘高昌仍然与中原政权保持着良好关系。回鹘高昌存在了400年左右，它本身的地域优势与利国利民的外交政策，使这座西域名城渐渐富强起来。

农业、工业、手工业与商业的迅速发展，使回鹘高昌完全摆脱了过去在漠北时期的游牧生活，成为丝绸之路上的西域强国之一。在国力不断发展的同时，高昌的乐舞文化也渐成体系。

元朝时期，回鹘高昌为了重新寻得更强大的安庇之所，弃辽转而投靠了蒙古帝国。元世祖忽必烈便将回鹘高昌王国收纳，改称畏兀儿王国。

畏兀儿王国虽然求得一时安稳，却丧失了自主权，国民经济、商业贸易与工农业发展受到很大限制，随着元朝势力的不断打压，畏兀儿王国渐渐衰退下去。到了14世纪末期，蒙古游牧贵族海都、都哇反叛元朝，率领12万大军围攻了畏兀儿王国的都城高昌城，这一场战争整整持续了半年，最后以回鹘高昌王巴尔术阿而忒的英勇战死而告终。残忍的入侵者随之开始屠城，将这座丝绸之路上的明珠城市付之一炬。

代表着回鹘高昌最高文明的古城隐没在这片黄沙之中，记载着历史荣耀的高昌王国也终于走到了尽头。

7.由强而衰的西夏王国

位于中国宁夏回族自治区与内蒙古自治区交界处的贺兰山，山势雄伟，若群马奔腾。蒙古语称骏马为“贺兰”，故名贺兰山。2 000 多年前，这个地区有一个出没于莽莽苍山间、奔啸于岁月黄沙里的游牧民族，他们将贺兰山奉为神山，在这里建立起一个庞大帝国。这个民族叫党项，这个帝国叫西夏。

党项是我国古代北方属西羌族的一支少数民族，也称“党项羌”，初时居住在今青海省东南部黄河一带，过着不知稼穑、草木记岁的原始游牧生活。隋唐时期，党项族臣服于唐，逐渐集中到甘肃东部、陕西北部一带，形成了分散型部落聚居地。

唐初时，党项族首领拓跋赤辞投降唐后，被赐姓李，封为平西公。唐末黄巢起义时，奉唐王命平乱有功被唐僖宗赐为“定难军节度使”，晋爵夏国公，再赐姓李。党项族迁至夏州（今宁夏一带），党项拓跋氏成为名副其实的藩镇之一。

唐朝灭亡后，夏州定难军首领李继迁传位于儿子李德明，李德明审时度势，采取倚辽和宋的策略，同时向辽、宋称臣，使党项一族大局渐稳，经济实力与军事实力迅速充实起来，出现和平盛况。李德明死后，李元昊继位，这是一位文有韬略、武有谋勇的英才人物。

1038年，励精图治的李元昊，在辽国的支持下，建国称帝，国号大夏，史称为西夏。

建国后的李元昊，引领党项族基本摆脱了放牧狩猎的游牧生活，同时他还鼓励党项族向中原汉人学习农业生产技术。李元昊治国期间，西夏的农业生产飞速发展起来。作为由一个游牧民族建立的国家，当时的西夏军事上，是个名副其实的军事强国。经济上，西夏重视发展农业，不仅修整秦渠、汉延渠、唐徕渠等水利设施，而且还在已废弃的古渠上开凿新渠，后世称为“昊王渠”，这些渠道有的至今仍在利用。西夏在文化方面也取得了辉煌的成就。西夏人创立了自己的文字——西夏国书。西夏统治者大力弘扬佛教，境内僧人众多，寺庙林立。西夏花费了十多年时间，用西夏文翻译了多卷本大藏经，堪称稀世珍品。

国势强大之后，李元昊开始向宋朝发起战事。

1041～1042年，西夏部队与宋军交锋两次，分别在好水川和三川口大败宋军，宋朝不得不正式承认西夏国，西夏从此崛起。

西夏建国后近一个世纪，一直处于建设与发展时期。

农业稳定，军力扩充，国势日渐昌盛。

1139年，第五代西夏王李仁孝继位，他是西夏国在位时间最长的皇帝，也是一位治国明君。李仁孝统治时间长达54年，他在位期间，将西夏推向了鼎盛时期。当时的中国版图已呈宋、辽、西夏三足鼎立之势。

但是，随着国家逐步安定和强盛，西夏统治者开始贪图安逸，日益腐败堕落。尤其是重文轻武、务虚废时的策略，使西夏国迈向了衰落。

1193年，李仁孝去世，西夏国势开始由盛转衰。太子李纯佑昏庸无能，自他继位后，西夏朝政腐败，国运日衰。1206年，堂兄李安全杀李纯佑篡位成功，李安全采取附蒙抗金的策略，逐渐向开始强大起来的蒙古靠近，并发动了金夏之间长达十多年的战争。鹬蚌相争，渔翁得利，审时度势的蒙古在成吉思汗的带领下，以追杀王罕之子桑昆为由，于公元1205年发动了进攻西夏的第一次战争。

两国交战初始，西夏还偶占上风，短短4年之内，蒙古接连三次强攻，令西夏国实力大损。1211年，腐败的西夏王朝内部再起宫廷兵变，李遵顼重演篡位历史，登上国王宝座。1217年，蒙古悍然发动了第四次战争，这位“临时皇帝”因害怕做亡国之君，于1223年将皇位让于太子李德旺。内忧外患同时袭向风雨飘摇中的西夏国。

1227年，成吉思汗再度发兵。途中“一代天骄”感染重病，不治身亡。为了彻底消灭西夏国，蒙古方面密不发丧，待李晛率领残部开城投降时，蒙古兵遵照大汗遗嘱，当即屠戮全城。立国 190 年、历经 10 位帝王的西夏国就此消亡于一片刀光剑影中，多数党项族人被无情残杀，仅剩不多的一部分人纷纷逃离此地，四处避难，党项族随之渐渐消融在中华民族的历史长河中。

如果从党项族首领拓跋思恭建立夏州政权雄踞一方之日算起，到 1227 年灭亡，西夏总共历时 389 年，比北宋和南宋加起来时间还要长。然而，战争的屠刀抹杀了西夏王朝，只留下贺兰山下一座座高大的土筑陵台——西夏陵，近千年来默默矗立在风雨之中，展示着神秘王朝的昔日辉煌。

8. 西域的绿洲之国——龟兹古国

龟兹，又称丘慈、邱兹、丘兹或安西，古西域三十六国之一，唐代安西四镇之一。它位于今天的中国新疆库车县一带，北通乌孙，南连于阗，东西有丝绸之路中道贯穿，正处于古印度、古希腊-罗马、古波斯、汉唐四大文明在世界上唯一的交会之处。

史有记载的最早一位龟兹王并没有留下姓名，他在位时，龟兹国因将扜弥国作为自己的附属国而冒犯了汉朝的天威，引得自汉武帝之后的几代帝王都对小小的龟兹心存芥蒂。汉宣帝继位后，在结盟乌孙共同起兵讨伐匈奴时，听说汉军中途要路过龟兹，多年前的那一丝不快顿时涌上心头，便当即命令长罗侯常惠率领 5 万精兵顺路攻打龟兹。

总人口 8 万，全国兵力不过 2 万人的弱小龟兹哪里敢和大汉交战？继承王位不久的龟兹新国王绛宾非常明白当时的处境，为了换得一国之民的生命安全，他准备了大批财物主动向汉朝认错，诚恳地表示了畏服之心。汉王朝实在没有把这个西域小国放在眼里，何况，多年往事确也不值得如此兴师动众地举兵讨伐。在龟兹国王绛宾的主动臣服下，长罗侯常惠代表汉王朝与之和解了，两国关系终破坚冰。

度过此关的绛宾深知这只是暂缓之计，他审时度势：当时的中原地区大汉称雄，无人匹敌，西域诸国中虽强国林立，但各自为营，难以和强大的汉朝对抗。如果势单力薄的龟兹小国能与大汉友好往来，既可以在西域受到保护，又可依仗丝绸之路繁荣起来。深谋远虑的绛宾开始关注乌孙国。

乌孙国与大汉联姻后一直结盟修好，当年解忧公主跟从胡俗嫁给新乌孙王翁归靡后，生下一个女儿弟史公主。弟史公主有一半的汉朝血统，最终绛宾国王与弟史公主永结秦晋之好。

成功与汉联姻的绛宾使得龟兹依靠大汉争得了无数发展机遇，龟兹国迅速兴盛起来。绛宾的儿子丞德即位后，也自称汉朝外甥，继续与汉通好，保持贸易往来。当时，丝绸之路已开通，印欧文化越过昆仑山脉和帕米尔高原，在龟兹绿洲上呈放射状四处扩散开来。受这一系列繁荣与文明影响，待到东汉时期，龟兹国已发展成了塔里木盆地最强大的绿洲之国。汉以后，中原地区经历了一系列纷争演变。龟兹先后向曹魏、西晋、前凉、北凉、北魏、柔然、突厥诸国称臣，辗转到大唐初立时，龟兹虽然仍附属于突厥，但也时常与唐朝往来。

龟兹地处西域诸国中难得的绿洲地带，当地盛产麻、麦、葡萄、梨、桃等，冶炼业比较发达，加之又处于丝绸之路干线上，贸易交往非常频繁，所以它的兴盛也非常之快，但让龟兹国在史上最负盛名的还属龟兹乐与佛教。

古龟兹人擅长音乐舞蹈，龟兹乐曾是中原宫廷乐曲的重要组成部分，乐器种类非常多，有竖箜篌、琵琶、五弦、笙、笛、箫、毛员鼓、答腊鼓、腰鼓、羯鼓、铜钹、贝、弹筝、候提鼓、齐鼓、檐鼓等不下 20 种乐器，创作有《万岁》《藏钩》《七夕相逢》等民族曲目。

后西凉吕光在征伐龟兹后，将大批乐舞艺人与乐器带入中原，龟兹乐与中原乐舞融合后，形成了颇具特色的西凉乐，也叫秦汉乐。至唐时，龟兹乐又编为十部乐之一，流传下来的《霓裳羽衣曲》，其中就有龟兹乐元素。著名的高僧玄奘西游取经归来时，也有幸目睹了龟兹国的盛礼与乐舞。

除龟兹乐以外，从古印度传入的佛教也是在这里经由一位叫鸠摩罗什的龟兹人传播至中原地区，最后得以发扬光大的。鸠摩罗什是古印度婆罗门种姓贵族鸠摩罗炎与龟兹王妹的儿子。当后秦皇帝兴兵讨伐前凉大获全胜后，随即将鸠摩罗什接到了长安。

鸠摩罗什抵达长安时已年近六旬，仍然坚持专事翻译佛教经典。历经十余年的辛苦译写，300 多卷浩繁的经文经由他手传向了广阔的中原地带。佛教，正如星星之火，在鸠摩罗什的极力宣扬下，呈燎原之势慢慢传播开来。可以说，鸠摩罗什是中国历史上第一位把大乘佛教传入中国的僧人，他对梵文佛经的翻译，开创了佛经翻译的先河。他影响了龟兹的历史，也影响了中国的历史，是龟兹史上最伟大的佛法传播者。

644 年，唐朝派军攻打焉耆，龟兹与焉耆联兵抵抗。这一举动，惹恼了唐太宗李世民，李世民即命昆丘道行军大总管阿史那・社尔率兵攻打龟兹国。第二年，龟兹王便被俘，其后又经过几度反复，龟兹国被大唐完全收服。

唐太宗将唐安西都护府迁到了龟兹城，下设龟兹、于阗、焉耆、疏勒四镇，史称安西四镇。龟兹开始辅佐唐朝控制西域大片疆土，成为唐朝统治西域的中心，它在此时也被称为安西城。

755 年，安禄山策动兵变，大唐处于风雨飘摇中。关键时刻，龟兹国王派出国内全部精锐支援唐朝。在龟兹等国的援助下，唐王朝终于平定了这场声势浩大的安史之乱。但就在龟兹国鼎力相助唐朝时，西域的吐蕃民族趁其国内空虚大肆举兵杀入，轻易攻占了龟兹。

840 年前后，回鹘人西迁时击败吐蕃，将龟兹纳入版图之中，曾是西域绿洲乐舞之国的龟兹国从此消失了。

公元11世纪末时，已部分同化为回鹘人的龟兹人归附了黑汗王朝，由信奉佛教转而信奉了伊斯兰教。这时的龟兹，已不再是一个独立的政权，先后成为黑汗、西辽、蒙古、元朝、察合台后王、准噶尔部等统治下的地方行政单位。1758年，龟兹领土被纳入清王朝版图，从此定名为库车。

龟兹王国虽然消亡了，但龟兹古国的历史却永存于史书中。龟兹文明，永远留存于华夏文明史。

二、耀武争雄的古国

人类文明，从无到有，从弱到强，始终伴随着血与火的洗礼。王朝的更替，古国的兴亡，战争从来都在其中起着决定性的作用。杀伐屠戮，只为攻城略地。耀武争雄，都图皇冠生辉。在连年不绝的战火中，多少堪称奇迹的城郭化为瓦砾，多少雄霸四方的强国灰飞烟灭，只为后人留下了历史的片断与残缺的回忆。

1. 征服四方的亚述帝国

亚述帝国是兴起于美索不达米亚的奴隶制国家。亚述帝国在其历史发展上共历经三个时期，即古亚述时期、中亚述时期和新亚述时期。

古亚述时期又名阿淑尔城邦时期。阿淑尔城邦的居民最初为印欧语系的胡里特人，后来塞姆语系的阿卡德人等进入此地，他们逐渐与原有居民融合，形成亚述人。

其语言为阿卡德语之亚述方言，文字为楔形文字。亚述由其主神、首都和宗教圣城阿淑尔而得名。

古亚述城邦最高权力机关是长老会，贵族占统治地位，没有民众。长老会议有一年一任的年官，称为“里木”。年官由抽签选出，其职能是管理财政经济。另外有“伊沙库”和“乌库伦”。“伊沙库”负责召集长老会议，管理宗教、公共建筑和军事。“乌库伦”管理土地和司法，其职位往往由“伊沙库”兼任。当时土地为公社所有，定期分配给大家族使用，很少买卖。奴隶较少，社会主要劳动者为承担公社义务的自由民。中介贸易具有重要意义，部分贵族和商人从事商业和高利贷活动而致富。阿淑尔城邦的居民依靠优越的地理位置，在美索不达米亚北部和安纳托利亚地区之间进行贸易。到了公元前 19 世纪晚期，亚述地区的阿摩利人开始崛起。公元前 17 世纪，阿淑尔城被阿摩利人的首领沙马什・阿达德所控制，亚述的历史开始了一个新的时期。

公元前 14 世纪，强大的米坦尼到了国王图什腊塔时期，由于内部纷争，开始衰弱。而此时，赫梯在国王苏皮鲁流马斯一世的领导下，形成了一个帝国。亚述在乌巴利特一世的带领下开始崛起。不久，米坦尼被亚述所灭，并建立起强大的亚述帝国，史称中亚述帝国。此后亚述统治者采用“亚述王”的称号，并继续向外扩张。

公元前 8 世纪末，亚述逐步强大，先后征服了小亚细亚东部、叙利亚、腓尼基、巴勒斯坦、巴比伦尼亚和埃及等地，设都于尼尼微(今伊拉克摩苏尔附近)。从此时开始，亚述进入了真正的帝国时期。

亚述人在两河流域历史上活动时间前后有1 000余年。整个亚述以亚述城为中心。由于亚述地理上被异族包围，经常受到敌对民族的威胁，加上国土和资源又非常有限，使得亚述人养成了好战的性格。他们对土地贪得无厌，认为只有不断地征服，才能保住自己的利益。他们的后代是今日叙利亚人的始祖。

亚述帝国兴起时，古埃及已经开始衰败，而两河流域以及小亚细亚诸强国或者灭亡或者分裂。与此同时，亚述人从赫梯人那里引进炼铁技术，从而大大增强了战斗力，建立了一支当时世界上兵种最齐全(包括战车兵、骑兵、重装步兵、轻装步兵、攻城兵、工兵等)、装备最精良(如当时最强大的攻城武器“投石机”和“攻城锤”)的军队。

亚述在历史上是著名的军事帝国，它的文明程度在当时的两河流域及世界文明史上也可谓一枝独秀。

亚述帝国的高级军事将领提格拉·帕拉萨三世成功夺得王位，他即位后实行了一系列改革，充实国力军力，开始了大规模扩张。在扩张中亚述人的血腥屠杀令人发指。征服了整个叙利亚地区后，亚述帝国疆域疾速膨胀。东临伊朗高原，西抵地中海以至埃及，北到南高加索，南至波斯湾的广大地区均被它收纳。这时候的亚述帝国已在底格里斯河畔的尼尼微建起都城，正式成立了世界上第一个可以称得上“军事帝国”的国家。亚述帝国至此进入了全盛的帝国时期。

公元前722年，萨尔贡二世登基，这位新任国王以其能征善战被后世称为“亚述的拿破仑”，他率领亚述军队打败了以色列、埃及，镇压了叙利亚人和腓尼基人的起义。之后，又将王位传于残暴更甚于他的长子辛那赫里布，子承父业的又一代君王如同洪水猛兽一般席卷战场。9年之后，他率军远征埃及，攻克了孟菲斯城，接受了“上下埃及之王”和“埃塞俄比亚之王”的称号。

亚述帝国在这几位君王的指挥下，已变为地跨亚、非两洲，版图几乎囊括整个文明世界的奴隶制大帝国。

继辛那赫里布之后，阿萨尔哈东（公元前680—公元前669年在位）成为国王。他在位期间，亚述帝国达到顶峰。

由于亚述帝国先期的血腥政策使亚述人成为古代所有民族中最令人痛恨的民族，叙利亚、腓尼基、巴比伦、埃及等地虽然经过几次征服，但仅是慑服于其势力，并没有真正降服。因此，一旦军事失利，这样的帝国就会陷入危机之中。

随着奴隶制经济的发展，商人僧侣集团要求扩大工商业利益和城市自治，而军事贵族尤其热衷于对外征服和掠夺。因此，两大集团之间有时发生激烈的冲突。奴隶主阶级的内部斗争，削弱了帝国的力量。

在内外矛盾的冲击之下，盛极一时的亚述开始衰弱。

巴尼拔统治后期，帝国已是强弩之末了。巴尼拔死后，亚述急剧衰落。公元前612年，巴比伦（迦勒底人）联合米底，攻陷了亚述帝国的首都尼尼微，敌人也采取了以牙还牙的恐怖报复手段，尼尼微被夷为平地。

公元前605年，巴比伦国王尼布加尼撒清扫了亚述的残部。自此曾在历史上称霸一时的亚述帝国彻底灭亡。

亚述衰落有着深刻的历史原因。首先，亚述是靠武力和军事建立起来的庞大帝国，很多边远地区无法有效统治；其次，亚述人的残暴统治激起了被征服民族的反抗；最后，王室内部的钩心斗角、争权夺利也直接导致了帝国衰亡。

虽然亚述王国的文明成就在当时达到了前所未有的高度，滥用武力的亚述王国在千年发展史中依靠强权取得了辉煌，但历史的车轮最终将这段辉煌碾压成了过去的回忆，那曾起源于两河流域的亚述文明，如今只能以沧桑的文字记录这个军事帝国当年的征伐历史。

2.海上霸王腓尼基古国

腓尼基是古代一个城邦国家，位于叙利亚西边，西临地中海，东倚黎巴嫩山，北接小亚细亚，南连巴勒斯坦。公元前2000年左右，腓尼基沿海出现一批贵族统治的城市小国，臣服于埃及新王国。公元前1200年左右，腓尼基城邦才从其他迦南人国家中脱颖而出。居民以海上贸易为主。公元前12世纪初，腓尼基达到极盛时期。

腓尼基人是古代世界上著名的“航海民族”。他们极力发展造船业，凭借优良的海上战舰恣意航行。据历史记载，他们有绕航非洲以及远航不列颠和爱尔兰岛的壮举。据说还曾北航至今天法国的大西洋海岸，到达不列颠，向南甚至到达过好望角。今天直布罗陀海峡的两个坐标就是用腓尼基的神来命名的，被称为“美尔卡尔塔”。

腓尼基人在表现出经商与航行才能的同时，也借助海上交通的便利，大肆进行掳掠人口、贩卖奴隶、抢占殖民地等活动。

此后，腓尼基人的商业势力到达西西里、撒丁、北非、西班牙以及直布罗陀海峡南北岸。他们依托强大的造船业，制造出“投石战船”“弩炮战船”，用于大规模的侵略活动。“弩炮战船”的攻击速度比一般战船快60%，这使腓尼基海盗几乎成了海上霸王。在腓尼基人的海上侵略肆无忌惮地进行时，他们又发挥贸易天性，开始掠夺、贩卖人口。

“航海民族”自此也被称为“海上强盗”。这支强盗民族当时辖有大量的殖民城市。推罗是其中比较著名的城邦。

推罗，也译作“提尔”，就是今天黎巴嫩的苏尔。推罗大约建于公元前2000年初，由大陆沿岸地带和一个小岛组成，是一座天然良港和工商业中心。公元前9世纪，推罗从东地中海向西地中海发展，越过直布罗陀海峡，领土北及不列颠岛，南至亚速尔群岛，建立起当时开展奴隶及海上贸易的中转站——以迦太基城为中心的迦太基城邦。迦太基城大概在今天突尼斯的突尼斯城附近。最初，迦太基作为腓尼基人的殖民城市，年年向腓尼基人上缴贡物，但很快迦太基就迅速发展起来，甚至比腓尼基本土还要强大。

公元前10世纪起，腓尼基人为了连接与欧洲各地的贸易，各邦开始大批向海外殖民，殖民地遍布地中海沿岸各地，其中迦太基最强大，腓尼基成为仅次于希腊人的殖民民族。现在很多的欧洲地中海城市基本上是在此基础上建立的。

公元前8世纪左右，迦太基城邦开始向非洲内陆及西地中海进发。“腓尼基-迦太基王国”正式出现在历史舞台上。

腓尼基-迦太基王国也被称为迦太基王国，当时下属的著名城邦有推罗、西顿、比布鲁斯、乌加里特等，主要集中在利万特海岸中部狭长地带，北起阿拉杜斯，南到多尔一带。

公元前9～公元前7世纪，环地中海的所有财富基本都集中到腓尼基人的手中。财富给腓尼基人带来了前所未有的物质文明，也带来了灾难，发源巴比伦的军事强国亚述王朝为了腓尼基的巨额财富开始了侵略。腓尼基各城邦联合起来反对亚述的入侵，但从来只重视商业而忽略政治的腓尼基人被亚述强大的军事机器给绞杀了，腓尼基沦陷了。

公元前 6～公元前 4 世纪，腓尼基各城邦先后被新巴比伦王国征服，后又成为波斯帝国的第五行省。公元前 332 年，马其顿王亚历山大大帝东征，在推罗遇到顽强抵抗。

此后，腓尼基人先后处于希腊人、罗马人的长期统治下，逐渐与其他民族融合。

在母邦丧失独立时，腓尼基的殖民地却正在西部地中海称霸(公元前 7 世纪—公元前 2 世纪)，先与希腊人争雄，后又成为罗马人的劲敌，开始与罗马人长达百余年的战争。迦太基在第一次布匿战争中失败。在第二次布匿战争中，迦太基大军几乎攻入罗马，但最后罗马人仍取得胜利。在第三次布匿战争中，迦太基被罗马灭亡。

腓尼基王国作为古代地中海沿岸兴起的一个城邦国家，有着先进的文明，却也是一个劣迹斑斑为世人所憎恨的民族。

但是，就是一个这样的民族，却是世界上最早的字母文字发明人。近现代考古学家们在乌加里特古城发现了数以千计的用楔形符号写的字母文字泥板。学者们还在这里发现了一本被认为是世界上第一本有字母文字表的《识字读本》。后来在腓尼基南北通用的由 22 个辅音音符所组成的字母，就是由此演进而来的。这些字母文字也是欧洲国家字母文字的始祖。这也是腓尼基人留给世人的一份宝贵遗产。

3. 征战不休的赫梯王国

赫梯，曾是一个视铁为金的混合民族，一个独具特色的文明古国，一个敢与埃及一决高下的好战帝国。赫梯王国在短短 400 年的生存历史中，与古巴比伦、米坦尼、埃及、“海上民族”征战不休。它兴于战争，也亡于战争，它在人类历史上倏忽乍现，书写了许多令人敬叹的壮丽诗篇。

赫梯，是公元前 2000 年左右兴起于小亚细亚东部哈利斯河（今土耳其基齐尔-伊尔马克河）上游一带的一支混合部落。这里的原始居民本是独立的哈梯人，后来因为亚述人发动殖民战争，逼迫一支属于印欧语系的涅西特人迁到此地，并形成一些小城邦。这些涅西特人的分支又与当地哈梯人融合，组成了赫梯人。赫梯人使用来源于涅西特语的赫梯语。

公元前 18 世纪晚期，当赫梯人将哈梯人属地完全占领后，第一代国王就将这里命名为汉梯沙，并把自己的名字改为“汉梯沙里”，意为“汉梯沙的国王”。公元前 17 世纪赫梯人首领塔巴尔那建国，定都哈图萨斯。

史料记载中出现最早的赫梯统治者是库萨尔的皮哈纳父子，在皮哈纳时期，库萨尔毁灭了涅西特人的哈图什城，其子阿尼塔两次战胜了皮乌斯提统治的哈梯人的国家，并征服了普鲁斯汉达。当新的统治者拉巴尔纳继位后，他征服了小亚细亚的东部地区，使赫梯王国版图从地中海扩大到黑海。其子哈图西里一世，又降伏北部叙利亚的阿拉拉赫，收纳了乌尔苏和哈苏这两大城市。

拉巴尔纳二世死后，野心勃勃的穆尔西里一世继位不久就悍然将战争引向了古巴比伦城。公元前1595年，赫梯军队一举攻陷了古巴比伦城。

公元前15世纪末～公元前13世纪中叶，赫梯迎来了历史上最强盛的新王国时期，《赫梯法典》也在此时问世。国王苏庇路里乌玛一世在位时，继承了先辈们崇武好战的本性，于公元前1380年利用米坦尼宫廷政变和叛乱之机，起兵攻占了米坦尼王国的首都瓦努坎尼，摧毁了这个由胡里特人建立的米坦尼王国。公元前1370年左右，他趁埃及无力东顾，率军征服了叙利亚中部部分地区。从此，赫梯与埃及两个王国之间的矛盾急速加深，双方征战连绵不断。埃及新王国时期的法老们相继同赫梯王国进行了长期激烈的争夺战，卡迭什之战就是其中最著名、最惨烈的一次战役。

卡迭什战役让双方死伤无数，两军斗到疲惫不堪时还是未分胜负。

两国前前后后进行了数十年的战争，军力损耗使得双方疲于战事，无力强攻。公元前1284年前后，赫梯新王哈图西里二世执政时，与当年的埃及王拉美西斯二世缔结了和约，结束战争。这份和约是保留至今最早的条约文献，也是传世最早、有文字记载的国际军事条约文书。

赫梯王国在与埃及长年征战后，经济基础进一步被动摇，国力空虚必然导致衰落。到了公元前13世纪末，“海上民族”腓尼基人从博斯普鲁斯海峡侵入赫梯，原本臣服的一些小国，包括叙利亚当地部分国家，借势反抗此时外强中干的赫梯王国，赫梯王国迅速被肢解，仅残余一些使用象形文字的赫梯小国。到了公元前8世纪，这股弱小的赫梯势力也完全被亚述帝国消灭。

赫梯人是个世代征战的民族，赫梯王国创建后，发达的畜牧业与冶铁业无疑使他们如虎添翼。无论是赫梯哪一代国王在位，始终保持并巩固着一支不低于30万之众的庞大军队。历代国王继位后，均全力发展冶铁技术与驯养战马来强化军力。作为世界上最早进入铁器时代的民族之一，他们制造的短斧、利剑和弓箭等铁兵器极其锋利，尤其是赫梯特别制造的战车，与披着铁甲的精良战马组合成阵，挥戈对敌时几乎所向披靡，成为赫梯战争史上的制胜法宝。

赫梯帝国时期的政治体制是中央集权制帝国。国王是统揽军事、行政、外交、司法、宗教等权力的最高统治者。“太阳”成为国王的王衔，国王死后被尊奉为神。

赫梯人在语言方面小有成就，自从亚述人将楔形文字传入赫梯王国后，赫梯人又创造了赫梯楔形文字与另一套赫梯象形文字。

《赫梯法典》是赫梯王国的基本法，大约编纂于公元前15世纪，也是现今保存较为完整的楔形文字法的典型代表。

人类文明演进至今，历史的责任感不时地催促史学家们寻根究底，追溯源头。当我们陶醉于古老的巴比伦文明、辉煌灿烂的古希腊-罗马文明无穷的魅力之中时，常常忘记了那些在古老文明之间架设沟通桥梁的人。没有他们，人类的文明将是另一番模样。在人类历史长河中转瞬即逝的赫梯人，就是其中之一。

4. 不可一世的亚历山大帝国

亚历山大帝国的前身是马其顿王国。最初的马其顿只是希腊北部一个小城邦。公元前 359 年初夏，马其顿人选举前国王的幼子为王，新王的叔父腓力摄政。不久，幼王废掉，腓力正式为王，他即是历史上的腓力二世。

公元前 338 年，腓力二世击败了反对他的希腊联军，真正确立起马其顿在当时全希腊的霸主地位。公元前 336 年，准备对波斯宣战的腓力二世被刺客杀死在女儿的婚礼上！

腓力二世的儿子，20 岁的亚历山大，就在这种政治背景下登上了马其顿国的王位，从此创造了不可一世的亚历山大帝国时代。

亚历山大从小聪明勇敢。12 岁时，他曾驯服过别的骑手不能驾驭的烈马；13 岁时，他拜亚里士多德为师，系统地学习哲学、医学、科学等各方面的知识；16 岁时，他跟随父亲参加多次军事征战；18 岁时，他指挥马其顿军队左翼在著名的喀罗尼亚战役中取得辉煌战果。亚历山大自年轻时便梦想着要征服世界，要使世界希腊化。

初登王位的亚历山大深知，强盛的实力离不开政治的完善和经济的发展，所以，亚历山大继承王位之后，改革货币，奖励发展工商业；着手仿效希腊人的制度，实行政治、军事改革，削弱氏族、贵族的势力，加强君主的权力。其中最重要的是军事改革，他创立了包括步兵、骑兵和海军在内的马其顿常备军，并将父亲腓力二世建立的“马其顿方阵”加以完善，每个方阵都配有由贵族子弟组成的重装骑兵，作为方阵的前锋和护翼。亚历山大强力推行的改革措施使马其顿国力日益昌盛，军事力量也迅速强大起来。

亚历山大即位不久，希腊各城邦国和色雷斯、伊利里亚等地的一些部落便开始趁机反叛。年轻的统帅亚历山大首先率军征服了背叛自己的伊利里亚诸部落，再把色雷斯人击退至多瑙河滨。接着他率领部队火速挥师南下，征服了底比斯城。底比斯的毁灭促使希腊诸城邦纷纷表示臣服，甚至连雅典也只得归顺。亚历山大遂将眼光投向了宏伟的“征服”计划。

公元前334年，亚历山大率领步兵3万名、骑兵5 000名和战舰160艘，渡过赫勒断滂海峡，开始远征波斯，也开始了长达10年的东征之战。出发前，亚历山大把自己的地产、奴隶、畜群等所有财产分而散尽，全部送给出征的战士，只把“希望”留给了自己。

亚历山大虽然是位优秀的军事将领，但也是位专横残暴的战争屠吏：他把希腊古城底比斯夷为平地，他对提尔居民斩尽杀绝，他攻陷推罗城后将3万居民宣布为奴隶，他对中亚一些山区部落实行惨无人道的种族灭绝。

“把世界当作自己的家乡”是亚历山大激昂人心的战争口号。在这句口号的感召下，亚历山大这种铁血性格把军队变成了一只四处猎杀、嗜血成性的猛兽。

当时的波斯帝国面积比亚历山大帝国大了约50倍，但国家内政非常薄弱，皇帝大流士三世又是个缺乏智谋的平庸之辈。亚历山大利用士兵们的高涨士气突破敌人防线，摧毁了当地少量的波斯军队后，便开始实行扩张。

公元前333年，亚历山大率领部队打败波斯王大流士三世后，接着向南进军叙利亚和腓尼基，他的部将攻占了大马士革，从大流士的军械库里获得无数战利品。随后，他又亲率部队，经过7个月的艰苦战斗，攻下推罗城。第二年又征服了埃及，由于亚历山大保护和支持埃及的神庙，埃及的祭司便宣布亚历山大为太阳神的儿子，埃及的法老甚至为他加上了“法老”的称号。战争之余，亚历山大还亲自勘察设计，在尼罗河三角洲西部建立了以他的名字命名的“亚历山大城”，作为伟大战绩的纪念碑。

公元前331年春季，勇猛好战的亚历山大离开埃及，率步兵4万名和骑兵千名向美索不达米亚进军。他率军渡过幼发拉底河与底格里斯河，10月间在尼尼微附近的高加米拉又与大流士三世的军队相遇。此次战斗中，大流士三世拥有骑兵4万名、步兵10万名、刀轮战车200辆和来自印度的战象15头，与亚历山大军队相比，具有绝对优势。但当亚历山大统领他的精兵强将，熟练运用独创的“马其顿方阵”进攻时，疲惫不堪、斗志全无的大流士三世的军队根本无力抵挡。亚历山大乘胜前进，攻克了巴比伦城，把自己加封为“巴比伦及世界四方之王”。

随后亚历山大东行进入波斯本土，占领了波斯帝国的苏撒、波斯波利斯和埃克巴坦那三座城。逃亡的大流士三世最终也被部下杀死。公元前330年，亚历山大彻底征服了整个波斯帝国。

统一整个波斯帝国，让亚历山大达到了极盛时期。但这位好战君王并没有顾及整顿国力，而是继续发动战争，曾经强大的帝国军队终于在连年征战中显露了败象。

公元前327年亚历山大进兵印度，遭到惨败。连续作战的马其顿军队再无力支撑，纵横战场的亚历山大被迫下令退兵，于公元前325年回到了巴比伦。第二年亚历山大将巴比伦正式作为地跨欧亚非三洲的亚历山大帝国的都城，领土扩至今天的希腊、马其顿、保加利亚、阿尔巴尼亚、塞浦路斯、土耳其、黎巴嫩、叙利亚、以色列、巴勒斯坦、埃及、约旦、伊拉克、科威特、伊朗、巴基斯坦、阿富汗全境或大部，以及印度的小部分。

公元前 323 年 6 月，亚历山大突然患恶性疟疾，短短 10 天后就死于巴比伦。年仅 33 岁的亚历山大给后人留下了一个疆土广阔的大帝国和希腊化的世界。亚历山大一死，他原先的部将们为了争夺地盘开始大肆火拼，结果将强大的亚历山大帝国在公元前 301 年分裂为马其顿王国（在巴尔干半岛）、塞琉古王国（在叙利亚）和托勒密王国（在埃及）三大帝国以及几个小王国，后来这些国家相继被后起的罗马所灭，雄霸一时的马其顿王国仅仅存在 13 年就瓦解了。

亚历山大发动的一系列战争，从一定程度上促进了东西方的文化交流，间接推动了西方各国的物质文明发展。亚历山大的东征，还开辟了东西方贸易的通路。他在东方建立的几十座城市，都逐渐发展成为商业中心，如埃及的亚历山大港至今仍是埃及著名的大海港。

三、神秘消逝的古国

王国是人类社会文明进步的历史产物。远古时期的人类就已经在地球的各个区域建造了很多曾辉煌显赫的大大小小的王国。只是经过了数千年的天灾人祸，有的已荡然无存，有的已神秘消失。随着考古的重大发现，曾经久已消失的古老王国，又重新复活，展现在世人的面前，放射出耀眼的光辉，述说着古老的故事。

1. 离奇失踪的亚特兰蒂斯古国

几千年来，在美洲、非洲和欧洲民间，广泛流传着一个很古老的传说：相传在那非常遥远的古代，地球上有一块独特而神奇的大陆——大西洲，那里气候温和，土地肥沃，森林茂盛，风景绮丽。在大西洲上，有一个历史颇为悠久、具有高度发达文明的神秘古城——亚特兰蒂斯，在雄伟壮丽的王国都城里，宫殿厅堂林立，室宇栉比，结构复杂，建筑布局和谐，墙壁和天花板上绘有生动逼真的图画，雕镂和镶嵌工艺精细，堪称古代建筑、雕刻和园林艺术的精华。那里的人们过着富裕欢乐的生活。

历代古人的著作中有不少关于亚特兰蒂斯传说的记述。距今 2 400 多年前，古希腊著名哲学家柏拉图曾在他的两篇对话录(《泰密阿斯》和《克利斯提阿》)中，对亚特兰蒂斯的传说有过较详细的记载。亚特兰蒂斯的传说，首先是由雅典著名政治改革家和诗人梭伦(公元前 638—公元前 559)在埃及旅行时听来的。梭伦任职期满后出国旅行，在埃及、塞浦路斯、小亚细亚等地漫游达 10 年之久。他结束游历生活回到祖国后，退隐在家，想把他在埃及时听到的有关已沉沦的亚特兰蒂斯古国的传说故事用诗歌的形式写出来，但他没来得及完成这些写作计划，就溘然长逝了。

到柏拉图时代，关于亚特兰蒂斯古国的传说故事已广为流传，几乎妇孺皆知，更富有传奇色彩。柏拉图曾做过一次海外漫游，他在埃及游历时，也曾听过有知识的祭司们讲述关于亚特兰蒂斯古城的故事。古希腊哲学家们都津津乐道亚特兰蒂斯的奇闻。

柏拉图之后，有一个名叫伊格内修斯·唐纳利的学者认为，已经沉没了的亚特兰蒂斯古国约在介于北美、欧洲和非洲之间的大西洋中。古代巴比伦人和古埃及人以及非洲一些古部落传说亚特兰蒂斯是在他们祖先西边的古国，美洲印第安人传说亚特兰蒂斯是在他们祖先东边的古国。当人类历史由远古传说进入文字记载，从中世纪的禁锢到文艺复兴，亚特兰蒂斯一直被当作神话流传着。

一些学者推测，波涛滚滚的大西洋中某一处海底，可能是远古传说的亚特兰蒂斯古国所在地。但另有一些学者不同意上述推测，他们认为远古传说的亚特兰蒂斯古国不是在大西洋中，而是在地中海中。例如俄国著名学者阿夫拉阿姆·谢尔盖耶维奇·诺罗夫院士(1795—1869)在他撰写的《关于亚特兰蒂斯的研究》一文中，推测亚特兰蒂斯古国沉没在地中海的东部，塞浦路斯岛则是该古国沉没后的残余。著名学者卡尔纳日齐基在撰写的《亚特兰蒂斯》一文中，基本上赞成诺罗夫院士的推测，但他认为离舍易斯很近的尼罗河西部主要河口，是古人所称的“海力克斯之柱”，他不同意诺曼夫院士把博斯普鲁斯当作“海力克斯之柱”。

另有一些学者认为，远古传说的亚特兰蒂斯古国可能曾经占据着西西里岛至塞浦路斯岛之间的广大地区。更有一些学者对亚特兰蒂斯古国存在的可能性和真实性，持怀疑甚至完全否定的态度，他们认为这只不过是古人臆造出来的一个神话，不可置信，但不少学者却坚信远古时地球上确实曾存在过由外星人建造的“亚特兰蒂斯古国”。

古代传说亚特兰蒂斯是“人间天堂”“乐园”，那时地球上有猿类以及从猿到人过渡阶段的生物，因此，亚特兰蒂斯这座神秘城市连同王国一道，都不可能由地球上的人类所创建，只能是“天外来客”——外星人建立的；亚特兰蒂斯人不可能是地球上土生土长的人种，只能是来自遥远星球的人种。上述猜测是否正确，难以肯定，尚有待进一步探讨，然而这种大胆的猜测却给人们研究早期猿人起源之谜以新的启迪。

远古时期地壳演变颇剧烈，升降频繁。据传说，在远古的某一天，没有任何预兆，亚特兰蒂斯古国在一次强烈的地震中突然沉没于浩瀚的海洋了。但亚特兰蒂斯古国的居民并未全部灭亡，有一部分人以一种独特的神奇方式，自古至今一直生活在海洋的深渊之中。为了适应海洋的生活，在长时期独特的海洋自然条件的影响下，他们的体质形态发生了一些不同于他们祖先的显著变化。

亚特兰蒂斯人的后裔，或许几百万年前就横跨非洲和南美。

1962年，苏联一艘载有科学家和军事专家的探测船，在古巴外海曾意外地发现了一个能讲人语的人鱼小孩，它至今仍被安置在俄罗斯的秘密研究机构中。遗憾的是，这个人鱼小孩自被安置进这一秘密研究机构后，就拒绝再讲人语。当时，苏联有艘载有核导弹的货船，在古巴外海沉没，苏联派出了一艘载有科学家和军事专家（包括维诺葛雷德博士在内）的探测船，搜寻沉船，试图捞回失物。当找到沉船位置，在探测船中用摄影机扫描海床时，却意外地看到了一个有鳃的怪物。怪物像一条鱼，但又像一个在水中游泳的小孩。它有鳃，皮肤粗糙，呈鳞状。游向摄影机时，只见它用淘气乌黑的眼睛望着摄影机，但转眼又游开了。当时，凡是围在荧屏前见到这个怪物的人，无不惊骇得目瞪口呆。为捕捉这个怪物，他们决定把用来捕捉海底生物的一座实验水槽沉放到摄影机照得到的海床上。没多久，这个怪物再次出现时，果然中计。正当它到水槽内准备攫取鱼食时，船上的工作人员迅速把水槽吊上了船。为了降低水槽压力，水槽的门是在过了几个小时后才被打开的。槽门打开后，先是听到一声声像海豚似的悲鸣，接着又看到一只绿色小手从内伸出。及至把这个怪物拉出水槽，移放到另一座透明的水槽后，大家才更清楚地看到这个起码有0.6米长的人鱼宝宝。它全身覆满鳞片，头部有一道骨冠，它的双眼惶恐地瞪视着人们。当这个怪物把头扬出水面时，忽发人言："我来自亚特兰蒂斯市，请放了我吧。"工作人员为此差点儿没被吓死。怪物说，几百万年前，亚特兰蒂斯大陆横跨非洲和南美，后来才逐渐陆沉海底。为适应新的生活，陆上的居民也演进到有鳃和鳞。今天，它们有 300 万人，居于海底最底层一个由大理石和珊瑚礁构成的亮晶晶的城市里。而且它们的寿命可长达 300 岁。更令人吃惊的是，这怪物还宣称，亚特兰蒂斯人会假扮人类，定期浮出水面，混迹于人群中生活，这是为了观察人类，并向它们的当局报告人类文明的进展。鱼孩被载回俄罗斯，并被安置在黑海的一个秘密研究机构内。不幸的是，从此，这个鱼孩就拒绝再说话。对于由知情人透露的这个惊人秘密，虽然已引起世界上不少科学家的惊异和兴趣，但是尚未得到官方的证实。

这个能言人语的鱼孩所说的亚特兰蒂斯是不是远古时外星人在地球上建立的一个文明古国？早在发现这个人鱼小孩很久以前，亚特兰蒂斯就一直是全世界历代学者普遍关注和高度重视的一大文明遗址。

20 世纪末，美、法等国一些科学家在大西洋中的百慕大三角区进行海底探测时，他们惊讶地发现：在那波涛汹涌的海中，竟耸立着一座从来无人知晓的海底金字塔！这塔底边长 300 米、高 200 米，塔尖离海面仅 100 米。论规模，它比大陆上的古埃及金字塔还高大；论时间，显然比古埃及金字塔更为久远。塔上有两个巨洞，海水以惊人的高速度从这两个巨洞中流过，从而卷起狂澜，形成巨大漩涡，使这一带水域的浪潮汹涌澎湃，海面雾气腾腾。上述发现令人们迷惑不解：在波涛滚滚的海底，人们怎样生存、怎样建造“金字塔”呢？西方有些学者认为，这座海底“金字塔”可能原本建造在陆地上，后来发生强烈地震，随着陆地沉入海洋，“金字塔”也沉到海底了。有些学者猜测，这座海底“金字塔”可能是长期生活在海底的亚特兰蒂斯人建造的。几百万年前，百慕大三角区海域可能曾经是亚特兰蒂斯人活动的基地之一，海底“金字塔”可能是他们的一个供应库。美国探险家德奥勃诺维克拍摄到一张满是涡漩状白光影像的照片，有些人怀疑海底“金字塔”可能是亚特兰蒂斯人专门保护圣地的一种具有“宇宙能”奇特性质和力量的能场，它能吸引和聚集宇宙射线、磁性振荡或其他未知的能波，其内部结构可能是一个微波谐振腔体，对放射性物质及其他某些能源有集聚的作用。海底“金字塔”真的具有这样神奇的作用吗？它真是远古时代亚特兰蒂斯人建造的吗？至今仍是无法肯定的一个奇谜。

2.扑朔迷离的示巴古国

世界上有史以来再版和印数最多的书，恐怕要属基督教神学经典《圣经》了。它既是文辞优美的文学佳作，也是读来饶有兴味的历史故事集。尤其是成书于公元1世纪的《旧约全书》，还含有较高的历史文献价值。但是，它也给人们留下了一些颇为难解的历史谜团,其中之一就是关于示巴女王和示巴古国是否确实存在的问题。

经过学者们长期的考察和新的考古发现证明,示巴古国已不再是虚无缥缈的传说,而是确有实据的事实了。

示巴王国濒临红海的阿拉伯半岛西面,在现今也门共和国境内。它是公元前 10 世纪兴盛一时的文明古国之一,在古代东方的发展史上曾起过积极影响。示巴古国由于紧靠当时的通商要道红海,同与红海相接的以色列、埃及、埃塞俄比亚、苏丹等结成了密切的贸易关系,商业一度十分发达。示巴古国盛产香料、宝石和黄金,这使它在产品交换中处于十分优越和有利的地位。据说,示巴商人当时已经会利用红海的季风之便远洋航行了。他们在每年 2~8 月海风吹向印度洋和远东时,便加大对这个地区的贸易运输量。等 8 月以后海风回吹时,他们又溯红海而上与以色列和埃及交往。这个季风的秘密长期未被泄露,直至公元 1 世纪时才被希腊人发现。示巴的陆路贸易也很发达,骆驼商队活跃在阿拉伯半岛和西亚的广阔地带上。

这个古王国的居民来自幼发拉底河一带的闪米特人部落。他们崇拜太阳、月亮和星星,所用文字和字母与古代腓尼基人相近,与古代埃及手抄本的文字也有相同之处。这或许能够说明,古代不同国家和地区之间有着共同的、紧密的文化联系。今天人们在埃塞俄比亚也发现了那里有着同也门境内相似的月神庙建筑遗址,这大概说明了示巴文化对邻近各国曾有着广泛和重要的影响。

示巴王国的首都，就是现今也门共和国的东部城市马里卜，现在这个城市还是沿用着古代名称。公元前1世纪希腊史学家奥多勒斯，曾形容马里卜是一个用宝石、象牙和黄金做艺术品装点起来的城市。这种描写也许有些夸张，但马里卜过去的华美、繁荣从中也可窥见一斑了。

马里卜建有一个规模巨大的蓄水坝。水坝都用大石块铺砌，石块之间密接无缝，显示了示巴人民高超的建筑和工艺水平。这座水坝对马里卜和周围广大地区人民的生活和生产，起到了防范洪水冲击和提供灌溉系统的良好作用。这座水坝维持供水达12个世纪之久，543年，因年久失修而塌陷。现在马里卜发现的水坝遗址，使古老的历史传说也有了生命力。人们还在马里卜郊外沙丘上发现了一处设计奇巧的建筑物废墟，考古学家们证实它是公元前4世纪所建的月神庙。当地人把它称为“比基尔斯后宫”，而比基尔斯是他们对示巴女王的称呼。看来，人们总想找到那位神秘女王的踪迹，但从挖掘出的刻石和文物中却寻觅不到她的倩影。

《旧约全书·列王记》第十章和《历代志》第九章中有这样一段记载：公元前10世纪中叶，当以色列王国在国王所罗门治理下国泰民安、兴盛至极的时候，异国君主示巴女王因仰慕所罗门的智慧和声名，在庞大的扈从队陪同下带着香料、宝石和黄金，浩浩荡荡地抵达耶路撒冷，拜见以色列国王。她向所罗门表示敬意，献上厚礼，并提出一些难题让对方回答。所罗门机智地做了解答，更使女王尊敬不已。所罗门对女王也热情相待，并在她回国前回赠了礼物。这段简短的记述非常精彩，示巴女王的出现引人注目。但是，这位女王来自何方？出身于哪个民族？《圣经》里再无其他描述，甚至她名字叫什么也无从得知。唯一可以推断的是，从女王携带的礼物来看，她统治的示巴王国是一个很富有的国度。《旧约全书·以西结书》也明确提到，示巴王国是以从事香料、宝石和黄金贸易出名的。

示巴女王在《圣经》中偶然闪烁的神秘色彩，引起了历代史学家、文学家、行吟诗人和民间艺人的极大兴趣，由此而生的种种臆想、传说更显得浪漫离奇甚至荒诞不经。除了这种神乎其神的传闻外，示巴女王在中世纪和文艺复兴时期的宗教艺术中，时而作为美丽的女王形象，时而又作为丑陋的女巫形象交替出现。在西欧许多国家现今所存的哥特式教堂里，仍可以看到表现内容迥然不同的女王形象。在法国的哥特式雕刻中，示巴女王还被不可理解地塑成一位跛足者。这究竟是当时有史实依据的人物特征描写，还是凭人随意想象的艺术处理，就无从得知了。

有关示巴女王的种种传说尽管充满了传奇色彩，但显而易见的是它们都缺乏考古或文字所提供的可靠依据。示巴女王是否确有其人，至今还是一个谜。

近年来，随着示巴古迹的发掘，已透射出这个文明古国的奇光异彩。但失落的示巴文化与历史之谜，还远未全部揭开。

3. 无影无踪的印加古国

在古代的南美洲，曾崛起过一个被称为“新世界的罗马”的帝国，这就是印加帝国。经过长期的积淀和劳动人民辛勤的创造，印加帝国积累了灿烂的文化和丰富的物产。然而似乎在一夜之间，整个印加帝国的人们和财富都消失得无影无踪。

随着南美考古研究的不断发展，人们逐渐揭开了古老印加文明的神秘面纱。这个曾辉煌一时的文明中心不是偶然出现的，而是长期农业文明发展的结晶和升华。

公元 6 世纪时，安第斯山区和沿海地带共生活着 100 多个部落，其中最主要的有 4 个：艾马拉、莫契卡、普基那和克丘亚。普基那和艾马拉部落活跃在的的喀喀湖周围地区，莫契卡部落则占据了秘鲁沿海北部地区。与它们相比，居住在库斯科谷地的克丘亚部落无疑是十分原始的，然而这个不甘落后的部族很快就吸收了其他文化中心所取得的成就，从而迅速发展起来，萌生了印加文化之源。

到了 13 世纪，克丘亚部落群中的印加部落开始崛起，建立了奴隶制国家。印加国家由大酋长统治，它与周围的部落和国家进行着和平的产品互换和社会交往。随

着国势日益强大，印加国家开始谱写自己的征服史。

据传说，印加王国大酋长曼科·卡帕克带领军队，穿过利利奥高原，征服了科利亚人，最先占有了库斯科谷地；迈塔·卡帕克率军渡过阿普里马克河，到达了今天秘鲁的莫克瓜和阿雷帕；此后的卡帕克·尤潘基是个英勇的武士，他率众到达了今天的玻利维亚，控制了沿海的纳斯卡人。

1438 年，帕查库蒂（又称作帕查库特克）上台执政。这位印加王国史上最有名的君主是第九位统治者。他对外进行大肆扩张，屡建奇功。特别是他率军征服了阿班凯，消灭了入侵印加国家的基地的昌卡族，取得了决定性的胜利，为印加王国走出库斯科谷地并向安第斯山区扩张扫清了道路。在战胜了昌卡部落后，他又率军征服了卡哈马卡、纳斯卡、利马和奇穆等地区。他的南征北战使印加的疆域版图不断扩大，最终完成从早期奴隶制王国向帝国的过渡。继帕查库蒂之后，印加王卡帕克·尤潘基开始向北扩张，攻占了基多，向南推进到了今天智利中部的毛莱河。

印加部落经过近百年的征战，征服了整个安第斯山脉中部地区的各个部落，建立了幅员辽阔的中央集权帝国。16 世纪初的印加帝国以秘鲁为中心，向北包括厄瓜多尔的大部分、玻利维亚的大部分和阿根廷的西北部，向南到达智利中部的毛莱河；东达亚马孙河丛林地区，西临太平洋，面积 200 多万平方千米，人口 600 万以上。由于印加帝国是美洲空前强大的帝国，被后人称为“新世界的罗马”。因此，印加人也就成了“新世界的罗马人”。

印加帝国的社会制度是早期奴隶制，国王是统治全国的专制君主，不仅立法、行政大权独揽，还是军队的最高指挥和首都库斯科太阳神的祭司长。

印加奴隶制文明是南美各玉米文明的集大成者，这个美洲古代最发达的文明，不仅有比较发达的农业，而且在建筑、道路、冶金、纺织、制陶、医学、天文历法等各方面都取得了伟大成就。印加人没有文字，但他们有独特的教育方式，把自己的文明、生活习俗、礼仪和工艺知识传授给下一代。印加人的基本工艺技术知识是在家庭和村社中自然传播的。譬如：手工艺方面，父亲把手艺传给儿子，以此保持手工艺的持续发展。印加人的社会职业分工明确，有时甚至全村人都从事一种手工艺品的生产，代代相传，历久不衰。印加文明深远地影响了南美近现代文明的发展。

不久，西班牙征服者比萨罗和他率领的士兵来到了这里。

比萨罗深知必须擒获印加帝国的国王，方可掳获更多的金银财宝，于是比萨罗和同来的西班牙籍神父商量后，邀请阿达瓦尔巴——印加国王前来卡萨玛尔卡镇，接受天使的蒙召，阿达瓦尔巴带着2 000名壮士，手无寸铁地诚心接受召见，谁知竟然遭受监禁的命运。比萨罗囚禁了国王，便将所有珍宝集中，并冷酷地杀死国王，以除后患。

贪得无厌的比萨罗在杀死国王后，率兵前往印加首都库斯科，企图搜寻更多的宝藏，然而令人惊讶的是，在库斯科城中，无论是宫殿、神庙都空无一物，连被称为"太阳的尼姑庵"中的百位美女亦不知去向，整个库斯科城成了一个死的世界。

也有人说，当时是印加人民自知抵抗不过刀剑锐利、心思狠毒的西班牙人，于是用竹筏载满国王的木乃伊和国内所有的金银财宝，向上天祈祷过后，把这些昂贵的宝物沉到250米深的的的喀喀湖中。

然而仔细思考，印加人拥有7万骑精锐，难道不敢和180名西班牙人做殊死战斗，而任由比萨罗横行霸道？却私下做大迁移，逃向不为世人知晓的高山中？这似乎说不通。究竟印加帝国的人们以及财富，何以霎时之间消失得无影无踪？至今仍令历史学家们费思难解。

走进古代遗址的废墟，望着那奇异的古石和神秘的雕塑，依然让人感受到古代印加部落的辉煌奇迹和让人费解的神秘：在贫瘠的土层中，印加人如何用自己的智慧栽种出大量的农作物？而且培育出许多新的品种？在以绳记事的年代，印加人何以创造了传播于世界的文化史诗？古代的印加人何以创造出准确的太阳历和太阴历？他们怎样发明了精湛的穿颅技术？高度的文明程度和奇迹般的各种技术，对于现代人而言，确是一个个谜团，由于没有任何的文字记录，而使这个谜更加神秘。

在印加帝国遗迹的废墟上，依稀可辨古代时代那种高大巍峨的建筑。那山峰之巅的城堡，规模之大、气势之宏伟是无与伦比的。它是怎样建造的，又做何用？是权力的象征还是显示帝国的威严？无人可知。那巨大石板砌成的太阳神庙，似乎仍金光闪闪，诸神汇聚，印加人正对太阳虔诚礼拜，但没有人能说清太阳神庙建于何时，由谁人所建。只是因形如太阳，才有如此称谓，至于它最初的用途也无法可知。

古代的印加人消失了，但他们所创造的文明奇迹却谜光不散，指示着人们不住地在开掘的废迹上探寻。

4. 璀璨的国度——古格王国

在中国西藏阿里地区象泉河畔海拔约 3 700 米的高原上，有一座高约 300 米、四面陡峭的山冈，山冈上屹立着一片建筑群。远远望去，高耸入云，气势不凡，四周人烟稀少，只有遍地绿草繁花及各种野生的动物。

然而，就是在这样一个几乎与世隔绝的地方，曾存在过一个绵延数百年、由古老的吐蕃王室后裔建立的古格王国，它创造了辉煌的佛教文明，留下了无数的传奇故事，当这个王国消亡于战争之后，它还留下了雄伟的宫殿和众多的遗址。1985年，人们通过首次对古格遗址进行的全面踏勘得知，古格都城遗址总计残存有各类殿堂房屋445座，各类洞窟879孔，碉楼58座，各类佛塔28座，另有塔墙1道，防卫墙10道，隧道与暗道4条，遗址总面积共达72万平方米。

如今的古格受到世人瞩目，其优美的风景、绚烂的壁画及诸多未解之谜，每天都吸引众多慕名而来的游客。然而就在几十年前，这个璀璨的国度竟未被人所知，孤立于历史的寂寞中。传说中的古格王国是个黄金遍地、富足奢华，拥有十余万之众的繁盛王国。其消失的历史离我们并不久远，17世纪中叶突然湮没，为何如此强盛的王国一夜间就消失得无影无踪？十几万人口及他们的后裔都到哪里去了？古格王国究竟是一个怎样的国度呢？

古格王国的建筑主要分布在山的东、北两侧山腰和山顶的台地上，在所有看起来显眼的建筑中，佛教建筑占据了半壁江山。山顶上突兀而出的坛城殿，山坡台地上交相辉映的红殿和白殿，高低错落的大威德殿和度母殿，山坡西北侧高耸的佛塔……难怪后人来到古格故城遗址时，常把这里错认为超大型寺院遗址。

据史料记载，公元7世纪，象雄王李迷夏娶吐蕃王松赞干布的妹妹为妃，婚后两人不和，这位妹妹于是请求哥哥派来的使者捎信，让哥哥来攻打象雄。不久，松赞干布果真消灭了象雄。

吐蕃王朝末代统治者朗达玛时期国力大衰，又实行灭佛政策，关闭佛寺，削弱教会势力，使得风雨飘摇中的政权更加动荡。公元843年朗达玛被一位僧人刺杀，内战纷起，4年后平民起义，吐蕃王朝崩溃，时间为公元9世纪。之后先后出现大小7个王国，西藏长期处于藩王割据局面。

朗达玛的两个儿子奥松与云丹也为争夺王室相互斗争，奥松之子贝考赞被奴隶起义军所杀，贝考赞的儿子吉德尼玛衮见大势已去，回天无力，便带着3个大臣和100多人，投奔阿里，并娶了当地头领的女儿。后来吉德尼玛衮将阿里一分为三，分封给他的3个儿子，古格王国即其第三子德祖衮的封地。

1624年6月，两个西方人——分别是葡萄牙籍神甫安东里奥和修士玛奎斯——翻越了海拔5 700米的玛拉山口，随后，经过长途跋涉，在8月的一个下午，终于走进古格都城扎布让，并受到了古格王的器重。

古格王对不甚了解的天主教如此器重，并不完全出于宗教的信仰，而是有着自己的统治目的。古格王国在创立之初就沿袭了政教合一的政治体制，除了国王，宗教的权势大于一切。这是当时的古格王赤扎西查巴德无论如何也不能容忍的。自即位以来,他已经明显感觉到来自寺院喇嘛集团的威胁,因此,开始在多方面有意识地限制喇嘛。传教士的到来正好给他创造了一个机会:利用天主教压制喇嘛教,以达到巩固王权的目的。几经犹豫,古格王下定了决心:应允在城堡内建立教堂;开始向王室及百姓传教;为教堂奠基并赠以财物相助;国王夫妇开始到教堂听讲教义,做祈祷,接受洗礼;军队出征前取消由喇嘛诵经祈祷,改为由传教士祈祷;还允许喇嘛还俗;等等。

古格王一系列的离经叛道之举和天主教活动的迅速发展,激起了僧侣们和部分民众极大的不满,特别是触怒大多数贵族和所有喇嘛,规劝和警告都未能使国王回心转意,他开始秘密地与传教士们计划,采取旨在最终摧毁喇嘛集团的措施——令全部喇嘛还俗。

国王和传教士们的秘密策划作为一个阴谋,终究还是没能逃脱消息走漏的命运。这个消息令佛门弟子彻底恼怒了,他们联合了那些早就对传教士们的傲然气派与拆房改道心怀不满的贵族和平民,结成了同一阵线。

1630年夏季,国王恰巧患病不出。喇嘛集团和地方贵族抓住时机发起暴动。反政府军队势力还向克什米尔的拉达克王讨要援兵。拉达克王僧格朗杰立即抓住机会进军古格,将昔日以强悍善战闻名的古格人的都城围了个水泄不通。一个月后,全城终因断水断粮被拉达克人全数俘虏。王宫被洗劫一空,俘虏们被押往拉达克首府列城。都城所属的达坝、噶尔等地相继被拉达克军队占领。国破家亡，邀虎拒狼的古格权贵们和平民后悔晚矣。万般无奈之下，他们离开都城四散而去……

古格王国的历史宣告结束。

古格王国覆亡后，并入拉达克（今克什米尔）一段时间，1680 年，被以达赖喇嘛为首的西藏地方政府重新收回，再一次将阿里高原纳入藏族统一政权的管辖之下。但是，人去楼空的古格故城还是没有逃脱成为废墟的命运。

曾经实力强大、雄踞一方的古格王国，从 9 世纪开始建立，到 17 世纪消亡，前后世袭了 16 个国王。其统治范围最盛时遍及阿里全境。它不仅是吐蕃世系的延续，而且是佛教在吐蕃瓦解后重新全盛的立足点，在西藏历史上具有重要意义。

古格的故事记录着古格昨天的辉煌，王国的遗址已为后人设置了一个个路标，就看你能不能破译这来自古代的密码，就看你有没有被走入王国纵深的灵性……

王国的遗存和王国的谜团像两座最诱人前往的山峰，令人生畏却又欲罢不能。所有的人只要走进曾经的王国深处，一种神秘与崇敬的感情便会融入灵魂。

在王国的遗址上，还有许多遗迹没有被发现，许多的谜没有被解开。这对于考古工作者来说是最难以释怀的巨大悬念。古格有没有自己的王陵？古格王葬于何处？古格王国的臣民后来迁去了哪里？他们是否还携带有王国的历史信息？有没有记载着王国历史的抄本或族谱？深藏在什么地方？……一个个疑团，一个个问题，一个个尚待解决的难关，对于考古界的同仁，对于所有关心民族历史、关心国家历史的人都将是一个巨大的诱惑，一个颇有趣味的诱惑，一个有待完成的话题。

第二章
被历史湮没的传奇古城

人类文明是在历史车轮的不断滚碾中发展到今天的。在新与旧的交替中，人类失去了很多，却创造了更多。然而，历史却始终铭记着曾经辉煌的都市，曾经繁荣的城堡，曾经传奇的古城。尽管漫漫黄沙早已吞噬了楼兰和尼雅，尽管丛丛密林早已吞湮了吴哥和科潘，尽管战火早已摧毁了特洛伊和玛里，但当这些传奇古城复活在世人眼前时，我们仍会对前人的智慧发出由衷的赞叹。

一、灾难毁灭的黄金城堡

翻开人类历史恢宏浩大的篇章，我们的目光穿越时间的隧道，直插向古代的过去。今天的人类很难想象千万年前曾有的辉煌文明。那一座座古城就是古代文明的一个个活化石。当我们在为古人高度的智慧与杰出的文明所倾倒时，同样会心生种种疑问：特洛伊古城真的只是个神话吗？酒色之都庞贝是怎样被毁灭的？黄金之城迈锡尼又是怎样走出《荷马史诗》的……

1.《荷马史诗》里的特洛伊城

西方神话传说中的特洛伊古城，根据描述应当位于土耳其西北部的希沙立克山丘下，紧临碧波万顷的达达尼尔海峡，隔海与巴尔干半岛相望。长期以来，人们一直以为它是《荷马史诗》中虚构的一座城市。其实历史上确实存在过特洛伊城。这座非常古老的城市始建于公元前16世纪，由古希腊人的一支——迈锡克人所建，坐落在土耳其西北部的达达尼尔海峡入口处，地处欧亚大陆交通要冲。公元前13世纪至公元前12世纪，特洛伊发展到鼎盛时期，普里阿蒙国王拥有无数的珍宝，令周围的邻邦垂涎欲滴。当时，希腊各城邦逐步发展壮大，图谋向外扩张，富庶的特洛伊就成为被掠夺的目标。

特洛伊城的闻名，得益于历代史料记载的特洛伊战争。相传，公元前1193年，特洛伊国王普里阿蒙之子帕里斯趁斯巴达王墨涅拉俄斯短暂不在的机会，拐走了他的娇妻海伦，其兄“人间王”阿伽门农决定为墨涅拉俄斯以及家族受到的侮辱复仇，遂从希腊各地召集阿卡亚人(即希腊人)组成联军，渡海到小亚细亚，征伐特洛伊，但遭到了特洛伊人的顽强抵抗，围攻10年都未能攻陷。

就在特洛伊沦陷前的20天里，希腊元帅阿伽门农强夺了主将阿喀琉斯的妙龄女奴布丽赛丝，元帅与主将两人结怨生仇，阿喀琉斯拒绝参加战斗。特洛伊人频频获胜，阿伽门农非常着急，派人向阿喀琉斯修和，请求他出战，遭到拒绝。后来，特洛伊人将希腊人逼到海边时，阿喀琉斯情急之下，准许他的部将帕特洛克纳斯借用他的甲胄出战，然而智勇双全的特洛伊主将赫克托尔不但杀死了帕特洛克纳斯，还剥去了他穿戴的甲胄。

这一下，惹怒了勇士阿喀琉斯，他披上煅冶神赫伐托斯为他打制的光彩夺目的新甲胄，重返战场。他在特洛伊城墙下杀死了赫克托尔，把他的尸体拖在战车后，每日清晨，他驾驭着战车，拖着赫克托尔的尸体，围绕着焚烧帕特洛克纳斯遗体的火葬堆转圈子。年迈的普里阿蒙国王深夜来到阿喀琉斯的营帐请求赎回他爱子的尸体，阿喀琉斯为之所感动，答应了他的请求，并休战 12 天。嗣后，战争陷于相持状态。最后狡猾的希腊人奥德修斯设下木马计，希腊人烧毁营帐，佯装坐船撤退回国，特洛伊人不辨虚实，信以为真，打开城门将木马作为战利品拖回城中。就在特洛伊人庆贺胜利的时候，藏在木马里的希腊士兵趁着夜幕掩护杀死了特洛伊城的守门人，打开城门，埋伏在城外的希腊军队蜂拥而入，攻下特洛伊城。一座具有悠久历史的、曾经坚不可摧的古城就这样被入侵者焚毁，从此湮没在历史长河中。

19 世纪 70 年代，世界考古学鼻祖海因里希·谢里曼的卓越考古发现，使这座荒丘下的古城重新呈现在世人面前。谢里曼(1822—1890)出生在德国北部麦克伦堡州的一个小镇，父亲是个贫穷的新教牧师。在谢里曼 7 岁那年，其父买了一本叶勒尔写的《世界历史》作为圣诞礼物送给了他。

书中讲述的特洛伊战争的故事对谢里曼触动极大，尽管谢里曼对希腊语一窍不通，但是荷马与特洛伊城仍使他着迷，他对特洛伊城的存在深信不疑，并发誓将来要去发掘特洛伊城，探寻出埋藏在地下的普里阿蒙国王的宝藏和美女海伦的嫁妆。

之后的几十年中，丰富的学识、语言的天赋使谢里曼不仅在事业上一帆风顺，而且精通包括古今希腊语在内的 15 种语言，他对古城特洛伊的地理、风土、人情以及战争场面和使用武器特征了如指掌。在荷兰、俄国、美国经商的岁月中，谢里曼积攒了大笔财富，成为远近闻名的富豪。在 46 岁那年，他退出商界，周游各国，并在巴黎学习了考古学。1870 年，他带着 18 岁的雅典妻子索菲娅来到濒临爱琴海的土耳其西北部沿海地带，开始了一生中梦寐以求的伟大事业——寻找特洛伊城的工作。

通过实地调查和考察，他确信希沙立克是特洛伊城所在地。在历史上，它的旁边曾先后修建过希腊化和罗马化的城市伊里温（即新特洛伊），该城残址尚在。后世的希腊人和罗马人认为他们修建的城市就坐落在普里阿蒙的神圣特洛伊城之上，亚历山大东征时，曾在城市的寺庙里烧香祭祀。历史的传说、地理上的特征与谢里曼所理解的荷马史诗对特洛伊城的描述基本吻合。

1871 年 9 月，谢里曼召集了 80 名民工（不久增至 150 名），开始了旷日持久的发掘工作。1873 年 6 月 15

日，谢里曼从坚硬的泥土里刨挖出一件又一件的金银器，有2顶金冕，6支金镯，1只金杯，1个重601克的高脚金杯，1个高脚琥珀金杯，1件内装有60只金耳环、8 700只小金环的大型银制器皿，还有穿孔的棱镜、金扣子、穿孔小金条和其他一些小件饰物，以及银质、铜质花瓶和青铜武器等。

谢里曼的考古发现轰动了全世界。虽然他发掘特洛伊城挖过了头，而且判断有误，但是特洛伊城的重见天日仍应该归功于他。他的重大考古发现改变了长期以来人们对神话传说不屑一顾的偏见；更重要的是，他为世界考古学的兴起开辟了一个新天地。因此，他被人们称为世界级的考古学鼻祖。

继谢里曼之后，很多考古学家对特洛伊古城遗址进行了科学的发掘和系统整理，终于理清了特洛伊城的历史变迁。在公元前3300～公元前2500年，特洛伊就已建造出一座石筑的小城堡，有城墙和城门，出现了铜器，有磨光黑陶和灰陶。公元前2500～公元前2200年，城市开始繁荣，筑有坚固的城堡，直径达120多米，有城墙、城门，城内有居住址和铺砌的道路，后来被毁于战火。公元前2200～公元前1800年，城市范围较大，但其发展规模和水平都不高。公元前1800～公元前1275年，特洛伊城发展到历史上最大的规模，城墙更为坚固，总长达540米，至少有6座城门。居址平面呈长方形，布局井然有序。根据城内发现的火葬墓，葬具为骨灰瓮的遗物判断，这一时期应属于特洛伊战争时期。公元前1275～公元前1100年，特洛伊在被希腊军队攻陷之后，亚历山大大帝率领马其顿军队越过达达尼尔海峡，进入土耳其，占领特洛伊。公元前168年罗马灭掉马其顿，特洛伊随之落入罗马人的控制之下。

特洛伊古城的发现无疑在启示着人们：神话传说故事中，往往包含着历史的真实成分。世界各地都流传着许多优美动人的神话传说，正有待于世人去重新认识和探索。

2. 酒色之都——庞贝古城

庞贝城是意大利半岛西南角坎佩尼亚地区一座历史悠久的古城，西北离罗马约240千米，它位于维苏威火山西南脚下10千米处，西距风光绮丽的那不勒斯湾约20千米，是一座背山面海的避暑胜地。

据记载，庞贝城是由奥斯坎斯部落兴建的，早在公元前7世纪，它已是一座人口稠密、商旅云集的小城。公元前89年，庞贝城被罗马人占领，成为罗马帝国的属地。到79年为止，这里已成为富人的乐园，贵族富商纷纷到此营建豪华别墅，尽情寻欢作乐。庞贝城人口超过2.5万人，成为闻名遐迩的酒色之都。

庞贝城占地面积1.8平方千米，城墙用石头砌建，周长4.8千米，塔楼14座，蔚为壮观。纵横的4条石铺大街构成一个“井”字形，将全城分割。这座古老城市的四周环绕着坚固的城墙，共有8座城门。由南到北、由东到西各有两条笔直平坦的大街与各城门相通，并将全城分成9个城区，每个城区又有许多大街小巷，纵横相连，路面都用碎石铺成，主街宽10米，铺着平坦的石板，两侧为人行道，中间走车，金属车轮碾压石板路面所留下的辙痕，使人不难想象当年街上是何等的车水马龙。每个大街十字路口都修建了刻有精致雕像的石制水池，储满着清水，以供人们取用。令人称奇的是，那源源不断的清水，是庞贝人通过一套巧妙的引水系统自动注入城内的。聪明的庞贝人修起高架水槽，将城外山泉引至城内最高点的水塔，再由水塔流入各个公用水池以及豪门庭院。

城区西南部有个长方形广场，庞贝城许多宏伟的建筑都建在这里，广场四周被高大雕花柱支起的华丽长廊环绕着，既美观又实用，还能遮风挡雨，供人逗留消遣。遗憾的是长廊在维苏威火山爆发前遭到了一场地震的破坏，由于火山爆发前长廊未能完全重建起来，有些大理石材料尚未雕刻，有些已臻完成，加上未能清理倒塌的废物，我们就很难从中得以重见当时的全貌了。位于广场东南的政府大楼，是一座规模很大的建筑物。里面设有议事厅，以供头面人物开会议事。位于广场西南的法院，是一座长方形的两层建筑。根据考古学家证实，这座楼既是法官审案的地方，也是海内外富商洽谈生意的场所。

广场的东北是庞贝城的商业区，那里店铺林立，各种各样的商品琳琅满目，是庞贝城最热闹的去处。发掘出的一家水果店显示，货架上摆满品种丰富的水果，胡桃、杏仁、栗子、梅子、葡萄、无花果等，虽然历经 1 000 多年后早已不能食用，但是其形状种类仍然依稀可辨。经考古证实，许多店铺同时又是手工作坊，由店主雇用一批工人或使用奴隶进行劳动，制作商品，边制边销。日常用品是这类作坊的主要经营项目，主要有面包、呢绒、珠宝、香料、玻璃品以及铁器等。有的作坊内工序设备仍历历在目，如呢绒作坊，有洗涤羊毛的石槽、染缸以及漂白设备等。更令人大为惊奇的是，有一家面包房里，烘炉里有一块已经烤熟的面包，不仅其外形保持完整，而且上面所印的店名还能被清楚地辨认出来。

在庞贝城的东南角，是规模宏大的露天角斗场。角斗场中间平敞，呈圆形，周围是阶梯状看台，可容纳两万名观众。据考证，这相当于当时整个庞贝城的人数之和。庞贝城的达官贵人们，为了娱乐或者摆阔捞取钱财，经常轮番在此举办残酷的角斗活动。为了吸引观众，他们不仅发布广告，而且往往在广告中列出自己给观众准备的优待条件，比如搭棚遮太阳或者洒水净化空气等。例如，发掘出来的一则广告是这样写的："营造使阿·绥狄厄·策利阿家的角斗士，定于 5 月 31 日在庞贝城举行角斗。届时并表演斗兽，准备搭棚招待。"在角斗风行的古罗马帝国，到处都设有专门训练角斗士的学校，庞贝城当然也不例外。

由于当时庞贝城的繁华，致使巨商高官云集，因此在城里面发掘出了许多豪华的富豪住宅。住宅大门一般都有大理石圆柱和雕花门楼，宽敞的庭院里不仅有花草、水池，还有大理石雕成的人物走兽像以及各种精美的石雕刻品。石像的设计美观而精致，他们体内的细孔可以喷出水来注入水池，形成人工的小景点。这些水来自庞贝城的水塔，然后再通过下水道排向城外。宅内正厅、餐厅、卧室、浴室等各种生活设施应有尽有。室内宽敞明亮，美观舒适，陈放着珍贵的青铜和银制器物，而墙壁和地板则由精致的图画装饰着。有幅马其顿国王亚历山大与波斯皇帝大流士三世作战图，亚历山大骑马，大流士三世乘车，两人正激烈厮杀，这幅画形象生动，线条柔和，栩栩如生，显示了罗马画师的高超技巧。

城西南有一个长方形广场，四周建有官署、法庭、神庙和市场，它是全城政治、经济和宗教中心。

城内至少建有 3 座公共浴室，冷热浴、蒸气浴样样齐全，还附有化妆室、按摩室，墙上装饰着石雕和壁画。

在城北的“农牧神宅”里，留下了一幅巨大的镶嵌画，使用了约 100 万块彩色嵌片，画面是亚历山大与大流士之战。据考证，这是根据公元前 4 世纪厄利特里亚画家菲洛赛诺斯的绘画底本镶嵌的，而原画则是公元前 2 世纪罗马东征胜利后从东方夺来的。一幅高水平的绘画能够以如此复杂的镶嵌画的形式被复制，说明了当时的工艺水平很高。

建筑本身是以凝固空间结构展示的一种信息形态。

庞贝首先给人带来的便是这种历史的信息，从公元前4世纪到公元1世纪，其中有希腊风格、罗马风格、埃及风格，特别是一些被解放的奴隶暴发户，其建筑风格兼收并蓄，向人们间接地展示着他们开放的思想风貌。

庞贝城充分反映了古罗马社会的道德堕落，一部分人耽于酒色，纸醉金迷，生活淫靡。庞贝城明显有两多：一是妓院多，二是酒馆多。妓院墙壁上画满了不堪入目的春宫画和各种淫荡的场面。城内酒店林立，店铺不是很大，酒垆与柜台都在门口，酒徒可以站在柜台外面喝酒，在一些酒店的墙壁上留下了酒鬼们信手涂鸦的歪诗邪文，至今依稀可辨。

令人难料的是，如此繁华的古城却紧挨着一个危险的“邻居”——维苏威火山。海拔1 277米的维苏威火山，是一座典型的活火山，数千年来，它一直在不断喷发，庞贝城就是建筑在远古时期维苏威火山一次爆发后变硬的熔岩基础上的。可是，在公元初年，著名的地理学家斯特拉波根据维苏威火山的地形、地貌特征，断定它是一座死火山，当时的庞贝人完全相信斯特拉波的这一论断，对维苏威火山满不在乎。火山的两侧种上了绿油油的庄稼，平原上到处遍布着柠檬林和橘子林，还有其他果园和葡萄园，他们万没料到这座“死火山”正在酝酿着一场毁灭性的大灾难。62年(或63年)，一次强烈的地震袭击了这一地区，造成了许多建筑物的毁塌，我们今天在庞贝城看到的许多损坏的建筑都是那次地震造成的。地震过后，庞贝人又重建城市，而且更追求奢侈豪华。然而，庞贝城还没来得及完全从那次地震中复苏过来，在79年，维苏威火山又一次突然喷发了。

瞬息之间，火山喷出的灼热岩浆遮天蔽日，四处飞溅；浓浓的黑烟，裹挟着滚烫的火山灰，铺天盖地地降落到庞贝城；空气中弥漫着令人窒息的硫黄味，熏得人头昏脑涨。很快，厚五六米的熔岩浆和火山灰就毫不留情地将庞贝城从地球上抹掉了。历史的记载也从此中断。

这次大灾难的目击者小普林尼在悲剧发生后的第6年，曾经这样追述道："一片硕大的乌云，呈伞形出现在地平线上，大火熊熊，反衬在阴暗的天空中，显得格外明亮。地震频频，使屋子东摇西晃。但是我们不敢到外边去，因为燃烧着的熔岩颗粒像大雨一样纷纷下落。……后来黑云终于渐渐消散，太阳终于露出了光辉。一切都发生了巨变，因为大地覆盖了厚厚的尘土，仿佛刚刚下了一场罕见的大雪一样。"

当时的庞贝城有2.5万居民，虽然大部分人逃离灾区，但还是有2 000多人葬身在火山灰和熔岩之下。待烟消云散，土地冷却之后，一些劫后余生的庞贝人曾经返回维苏威火山脚下的故城所在地挖掘他们的住所，希望能找到一些他们未来得及带走的物品，结果什么也没找到。随着岁月的流逝，人们逐渐将庞贝城淡忘，庞贝城就这样消失了。

1808～1815年，法国学者缪拉主持了这座死城的发掘工作。从1860年起，人们对庞贝城进行了系统的发掘。1890年，考古学家乌塞皮·菲奥雷利使发掘工作走上正轨，他研制出一种新的发掘技术，使死城中被埋葬的人、动物、家具、木结构建筑物等充分地再现当年的风貌。这种技术是细心地将火山灰层层剥离，以便保持物体原来的形状，接着把石膏浆灌到物体与火山灰岩之间的缝隙中，然后将物体完整无缺地摘取出来，再将水泥倒入与原物体一模一样的火山灰模子，浇铸后形成的塑像生动逼真，栩栩如生，再现了古城居民当年罹难时的各种姿态。游客可以看到死难者临死时的百态：或两手抱头，蜷缩一团；或手掩脸部，仰倒在地；或怀抱婴儿，母子同难；或手攥钱袋，仓皇逃跑；还有挣不脱枷锁，死在铁链上的奴隶角斗士……一幕幕悲剧呈现在游客眼前。在一座富豪宅邸，房子正在修缮，主人家和工匠灾变时都躲入一条过道里，全部死在一起，惨不忍睹。近郊一座别墅里，主人和奴隶共18人都在灾变时躲入地窖，结果同归于尽。一切都似乎发生在昨天，庞贝城好像沉睡了1 900年，刚刚苏醒。

直到今天，庞贝城也只有五分之三被发掘出来，它同赫库兰尼姆城一样，仍有许多死难者、器具和建筑物被深埋在地下，尽管如此，庞贝城昔日的辉煌也已充分地呈现在世人的面前了。

庞贝城埋在地下平均深度为3.6米，比起埋在地下二三十米深且被新城覆盖的赫库兰尼姆较易发掘，但要运走那么多的泥石，也非易事。目前，整个庞贝遗址就是一座博物馆，用外墙围成，不准任何人居住，更不准车辆入内，而在遗址外围，形成了一座几万人的游览城市。

由于庞贝城保存了古罗马时代社会生活的真相和宝贵资料，因而已成为世界上罕见的一座天然历史博物馆，它不仅是一座普通城市生活的绝妙写照，而且是一座珍品的宝库。

现在庞贝城已成为意大利最富吸引力的游览胜地之一，每年有200多万游客到这里观光和游览。

3.“黄金之城”——迈锡尼古城

迈锡尼古城最早的文明渊源于公元前2000年左右的早期青铜器时代，大约公元前17世纪，希腊人的一支阿卡亚人在迈锡尼兴建了第一座城堡和王宫。据《荷马史诗》描述，兴盛时期的迈锡尼是一个“富于黄金”的都市，以金银制品名扬天下。

迈锡尼在公元前1400～公元前1150年的青铜器时代末期发展到鼎盛时期。迈锡尼人修建了独眼巨人墙、狮子门和暗道门，同时，怀着崇敬的心情将早期诸王墓地用石板围起来，并在石板围成的圆圈内树起了镌刻着马拉战车的墓碑，修建了水井状的圆祭台，使祭祀动物的鲜血可以直接流入长眠在地下墓室里的英雄们的四周，任凭他们享用。后来，随着时间的推移，泥土从山坡上冲刷下来，将墓葬掩埋在萋萋荒丘之下。

值得注意的是，迈锡尼文明已经产生了一种为王室、官吏和平民所共同使用的文字系统——线形文字 B。这种文字系统在 1952 年由英国建筑师文特里斯释读成功，线形文字 B 属希腊语，是一种音节文字，是由克里特岛的线形文字 A 发展而来的，公元前 14～公元前 13 世纪在希腊各地流行，后随着迈锡尼文明的衰落而被人们遗忘。线形文字 B 的释读成功证实了迈锡尼文明是古希腊人的一支阿卡亚人创造的。

大约在公元前 12 世纪，迈锡尼倾国出兵，远征小亚细亚富裕的城市特洛伊，围攻 10 年方才攻陷。这场旷日持久的战争消耗了迈锡尼大量的人力、物力和财力，从此国势一蹶不振。公元前 12 世纪末，来自希腊北部的多利亚人征服阿卡亚人，摧毁了迈锡尼等城市。

1876 年，德国商人、考古学家谢里曼继在土耳其西北部的希沙立克山丘上发现特洛伊古城之后，为了进一步证实《荷马史诗》的真实性，他来到了征伐特洛伊的希腊联军的统帅、迈锡尼国君阿伽门农的故乡——希腊南部伯罗奔尼撒半岛的一个山谷中进行发掘，对《荷马史诗》的笃信，以及对公元 2 世纪希腊历史学家鲍沙利阿斯游记中有关迈锡尼的生动描述的深刻理解，很快使古城迈锡尼重见天日并成为举世瞩目的中心。

从考古发现中证实，迈锡尼城堡位于查拉山和埃里阿斯山之间的山顶上，平面形状大致呈三角形。城墙由巨大的石块环山修建，高 8 米，厚 5 米。西北面开有一座宏伟的大门，门楣上立有三角形石刻，雕刻着两只跃立的雄狮，虽无头，但仍威武雄健。这两只狮子雕塑是欧洲最古老的雕塑艺术，这种左右对称的雕刻形式显然是受东方文化的影响，迈锡尼城堡的正门因而被称为“狮子门”。

山城最重要的是粮食和水源。迈锡尼雄踞高山之上，易守难攻，在储备了充足的粮食后，决无断水之虞，在城东部的侧门内附近有暗道通向一秘密水池，可供守城部队在被围困时使用。然而，令人费解的是，这座著名的山城为何屡屡被攻破呢？

迈锡尼王宫位于城市中心的制高点，有大厅、后厅、走廊、侧室、浴室等遗存。以麦加伦式大厅为主体，大厅前有高墙和走廊围成的庭院，大厅门廊立有两根大圆柱；后厅约呈方形，厅内有 4 根圆柱，靠墙置有宝座；王宫中有表现车马等题材的壁画。考古学家们还在不远处的埃里阿斯山巅上发现了迈锡尼人建造的瞭望塔。

1951 年，即谢里曼发掘迈锡尼之后 75 年，希腊考古学家帕巴底米特里博士发现了第二个墓区，称为圆形墓圈 B，这个墓区在狮子门以西仅百米之遥，发掘出来的珍宝完全可与谢里曼发现的相媲美，而且时代与前者基本相当。古希腊人认为这里是阿伽门农的妻子克里泰涅斯特拉及其情夫和同谋者的墓地，因为古希腊神话传说谋杀阿伽门农的凶手是不配葬在城堡以内的。事实上，这些长方形竖穴墓的年代为公元前 1600～公元前 1500 年，早于特洛伊战争的年代三四百年。假使果真有阿伽门农其人的话，他应该是生活在特洛伊战争时期，即公元前1180年左右，而不是公元前1600～公元前1500年，显然这些墓穴既不是阿伽门农及其随从的墓地，更不会是阿伽门农妻子与情夫等的葬身之所，而是迈锡尼王族成员的墓穴，墓穴中的死者也是陆续被安葬进去的。

大约与希腊考古学家约翰·帕巴底米特里发现圆形墓圈B同一时期，英国考古学家韦思等在独眼巨人墙以西、狮子门之外的地区发掘了9座史前公墓，这些圆顶墓（因形似蜂房，又名蜂房墓）均属于青铜时代中期，相当于公元前1500～公元前1300年。考古学家们在墓中发现了《荷马史诗》中描述的建筑物、武器和器物，从而证实了迈锡尼与荷马描写的世界的密切联系。

在这些圆顶墓中，最大的一座即是著名的“阿特柔斯宝库”（“阿特柔斯”是阿伽门农之父）。这座墓的门梁是从一块石灰岩上开采下来的，重达120吨，有5人高，宽近5米，厚约0.9米。门上有一个三角形的开口，形似蜂房，故而又称为“蜂房墓”。迈锡尼人在没有起重机和千斤顶的情况下，却能将百余吨重的门梁准确地安置起来，不能不说是一个人间奇迹。

这座墓的主室平面呈圆形，用黄褐色的石灰岩砌成，顶部叠堆成圆锥状，高13.7米，底部直径约15.2米，地面铺石灰，北侧山岩内还凿出一方形侧室。东侧有宽6米、长36米的墓道，墓门总高10.5米，门内有长约5.2米的甬道，重达120吨的巨石即盖于其上，墓室的四壁饰以壁画。长期以来，人们一直认为迈锡尼君主将他们的宝藏都收藏在里面，故称之为“宝库”。

迈锡尼墓葬掩埋在荒寂的山峦下长达3 000年之久。虽然自公元前1100～1453年，多利安人、罗马人、哥特人、威尼斯人、土耳其人先后占领希腊，光临过这座黄金之城，但奇怪的是，他们都未能发现埋藏在地下的古墓珍宝。

迈锡尼城堡、宫殿、墓葬、金银制品的发现再一次证实了《荷马史诗》的真实性，解决了历史上长期以来有关《荷马史诗》的争论，但同时也提出了一系列新的问题：“富于黄金”的迈锡尼并不出产金矿，黄金是从何处来的呢？迈锡尼城壁垒森严，固若金汤，为何屡遭沦陷？“阿特柔斯宝库”的石门梁重达120吨，迈锡尼人是用什么方法将其安置上去的呢？尤为令人困惑不解的是，迈锡尼人已普遍掌握了线形文字B，并且用来记货物清单，可是他们为什么不在墓碑上刻上死者的姓名和业绩呢？埃及人、腓尼基人都在其坟墓墙上刻下了文字，后来的希腊-罗马人也树有文字的墓碑，而迈锡尼偏偏没有，这究竟又是为什么呢？

一代名城迈锡尼正以其蕴藏的无限奥秘吸引着一批又一批的游客，期待着世人做出满意的答复。

4.离太阳最近的库斯科古城

在秘鲁南部安第斯山脉南段群山环抱的库斯科盆地

中，有一座气候宜人的高原古城库斯科，在 16 世纪西班牙殖民者入侵南美洲之前，这里曾是印加帝国的统治中心。

库斯科是印加文化的摇篮。1000～1533 年，一直是印加帝国政治、经济、文化和宗教中心。

库斯科，印第安语的意思是“离太阳最近的城市”，海拔 3 400 米。有关库斯科的起源，印第安人中流传着这样一则神话传说：很久以前，至高无上的创造神比拉科查在的的喀喀湖心太阳岛上创造了一对青年男女，男的叫曼科・卡帕克，女的叫玛玛・沃利奥，两情相悦，终成眷属。创造神传授给他们各种技艺，赐给他们神奇的金杖，晓谕他们寻找金杖沉没之地并在那儿定居。这对年轻夫妇遵照神的旨意，带着金杖，浪迹天涯。有一天，他们来到了库斯科盆地，像往常一样，将金杖插入地里，顷刻之间，金杖消失得无影无踪，他们异常兴奋，终于找到了神灵指引的地方，于是便在这里安居乐业，生息繁衍，建立起库斯科城。此后，历代印加帝王不断兴建，至第 9 代帝王帕查库提(1438—1471 年在位)时代，库斯科规模空前，名扬天下，被印第安人视为神圣之地。

印加帝国强盛时期分为四个“苏尤”(行政区)：西北部是钦查苏尤，包括今秘鲁中北部和厄瓜多尔；东南部是科利亚苏尤，统治着的的喀喀湖流域、今玻利维亚的大部分、阿根廷北部和智利中部；西南部是孔德苏尤，占有秘鲁南北；东北部是安蒂苏尤，拥有安第斯山脉中段的东麓地带。与四个“苏尤”相应，库斯科城又分为4个区域，各地酋长在相应区域内建造房屋，以备朝觐帝王时住宿，而不同的街区代表了不同地域的风俗，所以库斯科城成为印加帝国的缩影。

古代库斯科城的中心是“瓦卡依·帕塔”中央广场，现为阿尔马斯广场。广场呈正方形，边长183米，历代印加王宫就集中在广场周围，从中央广场开始，随着距离的增加，建筑物由石砌的宫殿府衙逐渐变成泥墙茅舍，等级森严，贵贱有别。印加帝国最伟大的帝王帕查库提时代，在这个广场上曾多次举行过盛大的阅兵式和庄严的宗教仪式活动。每逢盛大祭祀典礼之时，广场中央供奉着用黄金制成的太阳、雷、闪电等诸神像，两旁的金御座上，供奉着历代印加帝王的木乃伊，众神之像前，成群的骆马在祭司的祷告声中成为刀下之鬼，而当印加帝王露面时，万众欢声雷动，祭祀活动达到高潮。如今，广场上竖起了印加人引以为豪的先王帕查库提的青铜雕像。

库斯科最负盛名的古建筑物是比拉科查宫殿，长160米，宽130米，金碧辉煌，雄伟壮观，内设有祭祀比拉科查的神庙。这座宫殿在西班牙人入侵后遭毁，取而代之的是历时百年才竣工的拉孔帕尼亚大教堂，现为托里文夫教会占用。

城内最大的宗教中心是科里坎查太阳神庙，自印加帝国的始祖曼科·卡帕克起，到印加·罗加为止，历代帝王都居住在这里。太阳神庙是一座长70米，宽60米的长方形建筑物，附属有王宫和祭司的府邸。关于这座太阳神庙，秘鲁历史学家、印欧混血种人加西加拉索·德拉维加(1539—1616)在他编纂的《王家述评》一书中是这样描述的："太阳神庙是在朝东的一块圣地上建造起来的，整个庙宇是用精心修整的、平坦而巨大的石板砌成的，为了让空气流通，屋顶造得很高，用茅草盖成，还有一个很优美的祭台。大殿的四周墙壁从上到下全部镶上较厚的纯金片，所以这座神庙得名'金宫'。在正面墙壁上有太阳神偶像，它是个绘有男子脸形、周围环绕着光芒和火焰的用黄金制成的圆片。它面朝东方，在受到初升的太阳光直接照射时，就放射出万道金光。在太阳神偶像的左右两侧，按照古代习俗在金御椅上供奉着历代印加王的木乃伊，远远望去，它们就像真人。大殿中央置有一个华丽的御椅，举行典礼时，印加王便坐在御椅上。"印加帝王在这里以太阳神的化身自居而号令全国，从而把全体印第安人凝聚在一起。这座神庙后来被西班牙殖民者摧毁，现在其废墟上，建有多米尼各教派的教堂。

太阳神庙的附近建有 5 座正方形小神庙。第一座小神庙供奉着太阳神，里面每一件东西都是用银制作的，月亮神偶像是个绘有女子面容的银制圆片，在其两侧安放着印加王后的木乃伊；第二座小神庙供奉着众星神；第三座小神庙供奉雷神和闪电神；第四座小神庙供奉彩虹神；第五座小神庙专供祭司使用，据说其墙壁均是用金银宝石装饰的。这些神庙里的金银珍宝全被入侵的西班牙殖民者洗劫一空，然后熔化掉了。

太阳神庙与5座小神庙环绕在一个名叫太阳广场的庭院周围，庭院中有玉米地和5个喷泉。这里种植的玉米是专供举行盛大祭祀活动时供奉给太阳神的，印加帝王与王公贵族亲自耕耘、播种和收割。5个喷泉的水源是由埋在地下很深的黄金水管引入，据说是专供印加帝妃婚前沐浴净身用的。泉水盖用纯金制成，上面雕刻有太阳神像，这个黄金水盖后来被一个名叫雷扎桑德的西班牙士兵掠走，他在一个夜晚的狂赌中又将这个金盖输掉了。

太阳神庙的西南部有一座献给太阳神的“黄金花园”，园中的花草树木、飞禽走兽及人物全是用黄金和白银制成，甚至连撒满黄金的土地里种植的玉米也是用黄金制作的。据加西拉索·德拉维加记载：“从植物发芽到开花结果，其成长过程都经过精密的仿照。小鸟栖于林梢鸣叫，蝴蝶和蜜蜂在花丛中采蜜……各种动物形象栩栩如生，搭配得当，使人难辨真假。”相传西班牙殖民者进入花园后，信以为真，直到用手采撷花朵时才发觉全是黄金和白银。

帝都之内还有一处著名的建筑，叫“太阳贞女馆”，印第安语称为“阿克利亚瓦西”，是专门培养“太阳贞女”的地方。这种机构在印加帝国境内随处可见。“太阳贞女”是接受过专门技术培训的处女，她们貌美灵巧，深居简出，保持童贞，主要为宗教仪式服务，并为神、祭司和印加王编织衣物，酿造玉米酒，唱圣歌，跳圣舞。库斯科的“太阳贞女馆”在帝国境内规模首屈一指，它长 120 米，宽 60 米，可以同时容纳 200～600 名处女。自西班牙殖民者踏上美洲大陆后，耶稣会传教士随后而至，并于 1571 年在“太阳贞女馆”原址上建立起了多米尼各派的大教堂。库斯科作为印加帝国的首都，有设防严密的防御体系。都城的四周，筑有 4 座古堡，以西北部的萨克萨瓦曼堡最为著名。萨克萨瓦曼在印第安语中意为“山鹰”。古堡筑于山坡之上，方圆 4 平方千米，有三重围墙作为屏障，围墙依山而建，墙高 18 米，最外面一道周长 540 余米，全部用巨石垒砌，表面平整，接缝严密，估计使用的巨石总数达 30 余万块，最重的一块石头约 200 吨。民间传说，古堡始建于 1400 年，历时 108 年才完工。古堡建成后，印加帝王经常登临驻跸，检阅士兵，甚至把它作为行宫，召见大臣共议国事。在库斯科市郊的群山中，另外还矗立着 3 座可以俯瞰全城的坚固城堡以及众多的瞭望塔，保卫着首都的安全，至今遗迹依稀可寻。这些古堡所用的巨石是怎样从采石场运来的，又是怎样垒砌起来的，当年的印加人具备这种超凡的能力吗？

印加帝国在 15 世纪中叶至 16 世纪初达到鼎盛时期，其疆域北抵哥伦比亚的安卡斯马纳河，南达智利中部的毛莱河，东至亚马孙河森林区，东南抵阿根廷的图库曼，西临太平洋，南北绵延 4 000 余千米，领土面积约 200 万平方千米，人口达 600 万，是南美洲大陆史前时代拥有最大版图的帝国。

为加强对被征服地区的统治，促进库斯科和边远地区的联系，印加统治者修筑了四通八达的道路网，把广大地区连接起来。据调查，有两条大道纵贯印加帝国全境：一条是沿海大道，北起今秘鲁西北角城市通贝斯，沿滨海沙漠向南直到智利中部，全长 5 200 千米，宽 3.5～4.5 米；第二条是高原大道，北起今哥伦比亚和厄瓜多尔边界处，穿越厄瓜多尔、秘鲁和玻利维亚中部，再从玻利维亚分出两支，一条通向今阿根廷境内，全长 5 300 千米，另一条通向智利，全长 5 600 千米。高原大道穿越安第斯山，沿途开凿了许多隧道，架设了木桥、石桥、浮桥和吊桥。吊桥被公认为是印第安人最突出的建筑技术成就。印加人沿路每隔 7 千米左右树立一座里程碑，每隔 19～20 千米便建造一个驿站作为旅客、士兵、信使和官员休息的场所，信使们可以迅速地传递信息。印加王和高级贵族聚居在库斯科，对全国进行有效的管理。

就在印加帝国盛极一时的时候，西班牙殖民者的魔爪伸向了这个盛传富有金银的“黄金之国”。1524 年和 1527 年，利欲熏心的西班牙殖民军头目弗兰西斯科 · 皮萨罗率军两次远征秘鲁，均遭惨败，然而他贼心不死。1531 年 1 月，他率领 180 名士兵，分乘三艘帆船从巴拿马出发，1532 年 9 月在秘鲁北部沿海登陆。是时，适逢第 11 代印加王瓦依纳 · 卡帕克（1493—1527）病故，其子瓦斯卡尔和阿塔瓦尔帕为争夺王位而内讧。皮萨罗认为这是个乘虚而入的绝好机会，遂率军开赴印加帝国北部重镇卡哈马卡。此时阿塔瓦尔帕正在那里庆贺打败其兄瓦斯卡尔，西班牙殖民者以欺骗手段将印加国王阿塔瓦尔帕囚禁起来，要他用金银来赎身，阿塔瓦尔帕为获得自由，答应了西班牙人的要求。根据协议，要用黄金装满囚禁阿塔瓦尔帕的那间长6.7米，宽5.2米的牢房，还要用银子填满隔壁两间较小的房间。据专家们估计，赎身的金银价值在1 700万～2 000万美元。印加人闻讯后，为赎回领袖，每天不停地往卡哈马卡运送金银。但是，当巨额金银填满三间牢房后，凶残狡诈的皮萨罗却违背了自己的诺言，他以图谋叛乱罪于1533年8月29日判处阿塔瓦尔帕绞刑。随后皮萨罗挥兵南下，于11月5日攻占印加帝都库斯科，印加帝国宣告灭亡。

今日的库斯科已是一座驰名世界的历史名城，每年6月的最后一周，秘鲁人民都要在此欢庆盛大的民族传统节日——“太阳节”。1980年2～3月间在此召开的南美洲印第安人运动第一次代表大会上，库斯科城被命名为“世界印第安人的首都”。

5. 被战火毁灭的玛里古城

在古巴比伦文明的两河流域，有一座神秘的古城——玛里。

玛里古城历史悠久，规模宏伟的宫殿始建于公元前2500年，王宫设计得更是富丽堂皇。然而，更让人称奇不已的是，就在人们为发掘开的大山壕沟排水发愁时，数分钟之后，积水竟然完全从古城内原始的排水系统排走了……人们无不惊叹古玛里人的聪明智慧。

然而，令人遗憾的是，这座历史文化如此悠久的古城，却被古巴比伦的君主汉谟拉比无情地灭掉了。

底格里斯和幼发拉底两河流域古代文明，即巴比伦文明是人类历史上最古老的文明之一。古希腊人把两河流域叫作“美索不达米亚”，意思是“两河之间的地方”，相当于今天的伊拉克一带。

美索不达米亚又分两个部分，南边叫巴比伦尼亚，北边叫亚述。在两河流域，陆续发现了许多古遗址，比如尼尼微城、乌尔城、巴比伦城等。其中玛里古城也是苏美尔时代到巴比伦时代的重要城市遗址。

约公元前3000年，波斯湾的许多大城市已经十分繁荣昌盛，例如乌鲁克、尼普尔、伊里都、乌尔等。苏美尔人曾创造了文字。在一些现在称为“王谱”的早期文献中，把玛里列为公元前3000年～公元前2300年间争夺霸权的10余个城邦之一。根据王谱记载，玛里是“洪水后”第十王朝的首府。

玛里古城的最主要的建筑是一座极为壮观的宫殿，这就是玛里末代君主齐里·利姆(公元前1780—公元前1759年)经过多年才建成的王宫。

齐里·利姆王宫呈正方形，坐落在玛里城的中央，犹如堡垒。王宫每边长约120米，只有一个入口，两侧筑有塔楼，大门里面有许多正方形院落，通向一个大庭院，院内种了一些遮阴的棕榈树。这个庭院是玛里昔日的行政中心所在。

大院的一面是谒见厅，设计犹如小教堂一般。墙壁上挂满各种有相当历史的宗教画，一幅绘的是国王向月神祭酒；另一幅画了国王在山上登基，坐在王座上，背靠着一头大公牛，公牛是他个人的象征。大院中间是一条“圣路”。

国王雅郑·利姆和齐里·利姆居住的地方在棕榈院西侧，而王族深宫则在西北角。外面围上高大的砖墙，房屋当中有天井，地面涂上大理石似的颜色，供王室儿童玩掷圈套桩游戏。

考古学家已考证出了国王和王后的寝宫。王后寝宫内有两个陶制的浴池，旁边是烧热水的炉子。房内有一张用来私下接见访客的躺椅，蓝地白边，涂有螺纹图案。

王族宫室与后宫侧翼建筑物和内侍房舍相连，还可通往礼典大院。大院长约 29 米，宽约 26 米。墙上有绘画，其中一幅画有一个穿叙利亚服装的人主持祭坛，用一头牛献祭。

礼典大院有一扇大门通向觐见室，觐见室又可以通到王庙去。御座放在王庙后方的台基上，面对画廊。这里是王室祭祀祖宗的内殿，玛里历代国王的雕像一一摆列在像座上。

在靠近觐见室门口的典礼大院外墙上画着一幅大型

壁画。壁画画在两块板上，上部画国王披着一件镶边精巧的华服、正接受战争女神伊西塔敬礼，女神抬起单脚踏在狮子背上。在上面和下面的画板上，还有其他男女神像。这幅画镶上巨大画框，框上雕有树木、鸟雀及多种神话动物的图案。这幅画算是这座王宫中最瑰丽精美的制作了。

贵宾室和后宫房舍毗邻，在几个小院落之间还附设客房套间，招待特级贵宾。这些套间设备齐全，内有多间浴室（由烟道供应暖气，烟道有赤土烟囱帽）、公用厕所、厨房等设施，厨房内备有一排炉灶，并且有许多异常精美的陶壶和各种碟子。

这座王宫有一个很有趣的特点，就是完全没有窗户。阳光可由通向庭院的宽阔门道透入室内，或者通过圆形的天窗透入。这些天窗可用蘑菇形的陶质罩子盖上。

宫内的管道工程浩大。浴室和厕所的地面和墙脚都涂上沥青，防止潮湿。地面下铺设了砖砌的阴沟做下水道，很多内涂沥青的陶质管子埋入地下 9 米多深。据说，发掘玛里城期间，有一天突然下了一场倾盆大雨。雨水淹浸了现场工地，到处泥泞不堪，泥水像瀑布似的注入考古人员掘开的大小壕沟内。奇怪的是，不过数分钟，积水竟然完全从这套古老的下水道系统排走了。

玛里永不疲倦的书吏，把这样的宫廷建筑，以及各种有关运河、水坝及河堤的建筑条例和通告，一一记录下来，收藏在礼典大院毗邻的收藏室里。

在玛里古城中，有一座神秘的宁妮·扎扎女神殿。这座女神殿是个长方形的大房间，用油灯照明，在神殿的尽头处，供奉着女神的立像。这个小型塑像用名贵木料精工雕刻，戴着有角的后冠，站在祭坛上。底座附近摆放了一些嵌入地下的水瓶，用来承接祭司祭祀时浇注的水，供品则放置在附近的桌子上。

面向入口的墙壁前面横放一张砖砌长案，案上摆放了许多雪花石膏像和石灰石像，这些都是玛里城著名人物的直立雕像，满脸虔诚祷告的神态。其中一尊雕像刻着“玛里国王”的字样，还有“国王的长兄”“国家大公”“宫廷司酒”“国王管家”“大书吏”(首相)等。其中的一尊雕像很特别，这是一个国王宠爱的乐师，名叫乌尔·南谢。他有一张非常俊俏的面孔，有点像女儿家，盘膝坐在蒲团上弹着有牛头的七弦琴。他旁边还有许多头戴环形发饰的宫女雕像，有些宫女雕像还披上长可及肩的面纱。

陈设品中还有一件充满异国情调的石刻花瓶，这件艺术品和其他一些摆设用的瓶子都是用蓝色或绿色玉石雕成，雕工精细，显然都是从东方进口的舶来品。

庙内的供品有精美的，也有粗陋的，平民奉献的只是些圆柱小石章，上面多刻着善良神灵对付野兽的图画，象征对抗邪恶的力量。

最终灭掉玛里的是巴比伦君主汉谟拉比。

打败齐里·利姆两年后，汉谟拉比挥师攻进玛里，放火烧城。虽然之后的数百年内玛里又来了一些后期的亚述移民，但是这个古城昔日的繁华也一去不复返了。

6. 失踪数千年的罗马古城

罗马古城为古代世界最大的城市之一。城市核心部分在中世纪时逐渐荒废，文艺复兴以后才得到保护清理，但相当部分仍被压在今日罗马街区之下。

罗马建城日为公元前 753 年 6 月 31 日。其历史最早可上溯至公元前 1500 年，在微兰诺微文化时期已形成农业村落。公元前 8 世纪以后，墓葬遗迹渐多，表明居民增加，且有新来移民，但尚未形成城市。约在公元前 7 世纪末或公元前 6 世纪初，罗马受伊特鲁里亚文化影响，建立奴隶制国家，始建罗马城。罗马古城中心最重要的罗马广场，公元前 6 世纪初已渐由墓地改为市集。为了改造广场所在的低地沼泽，罗马开始建造地下水沟，并以砾石铺筑地面。公元前 6 世纪中叶，广场上已有砖砌建筑，并修建有最早的罗马城墙。此时约值历史传说中王政时代最后 3 个属于伊特鲁里亚血统的国王之时，因此初建之时的罗马城应属伊特鲁里亚式城市。

公元前 510 年，罗马废除王政建立共和，公元前 4 世纪成为意大利中部强国，城市建设亦初具规模。公元前 378 年扩建城墙，市区已包括帕拉蒂诺、卡皮托利诺、埃斯奎利诺、维米纳莱、奎里那莱、凯里、阿文蒂诺共 7 个景色秀丽的山丘，故有“七丘之城”之称。城市西临台伯河，南北长约 6 200 米，东西宽约 3 500 米，呈不规则状。市场仍为全城中心，城内还有要塞、神庙、商业区及广场等。至共和后期，罗马统治了整个地中海区域，罗马城也迅速扩大，市区向北延伸。公元前1世纪后，罗马独裁者和帝国皇帝奥勒利安修筑总长达16千米的新城墙，罗马城较共和时期扩大近两倍，人口有80万～120万。城墙以混凝土筑成，砖石铺面，有20余个城门，部分城墙至今犹存。

城中著名的罗马广场呈长方形，东西长约38米，南北宽21米，东端有圣道通达城门，周围有维纳斯-罗马神庙、君士坦丁大会堂、罗慕洛庙、恺撒庙、萨图恩神庙、罗斯特拉演讲台、元老院集会场所——库里亚会堂、爱米努斯大会堂、朱莉亚大会堂等建筑，广场中及圣道上还有多座纪念柱和凯旋门。罗马建筑沿袭希腊传统，神庙用柱廊环绕，但又有创造，广泛使用拱门。卡皮托利诺山位于罗马广场西北，公元前509年在山上建奉祀天神朱庇特、天后朱诺和智慧女神弥涅尔瓦的三神庙，后代又不断重修，但在中世纪时被彻底破坏。山东麓则有档案馆、协和神庙等建筑，亦遭破毁。

帕拉蒂诺皇宫的废墟在罗马广场西南的帕拉蒂诺山上。罗马皇帝奥古斯都（即屋大维，公元前63—公元前14年）首先在帕拉蒂诺山的吉尔马鲁斯高地建宫殿，后代以此为核心扩建。至3世纪，经历代皇帝修建，帕拉蒂诺皇宫已发展为包括大量厅堂、浴室及赛车场、剧场等的庞大建筑群。

位于罗马广场东端维纳斯-罗马神庙之东的圆形大剧场，是古代罗马规模最大的剧场，建于70年至82年间。结构类似现代运动场，舞台居中，四周筑阶梯形露天观众席，外部高48.5米，椭圆长188米，宽155米，可容纳观众5万人，舞台长约86米，宽约57米，用于表演角斗及人兽斗等节目，并可灌水成池表演海战。建筑工程广泛使用拱券和用火山灰制成的混凝土。外部门面分为4层，顶层为墙面，一、二、三层依次为多里安、爱奥尼亚、科林斯古典柱式组成的拱廊。这种柱式结合拱门的拱廊是罗马建筑的特点，美观实用，对后世建筑影响甚大。部分主体结构尚较完整。

万神殿为罗马古城的最大建筑杰作。建于118年到125年间的万神殿位于罗马古城西北部，由公元初建成的柱廊式神庙扩展而成，门西仍为柱廊，庙内主体是圆形大厅，上覆圆顶。大厅直径43.5米，圆顶高度42.7米，圆顶中央开一直径9米的圆形天窗取光，结构严密，气魄雄伟。其圆顶工程及形制对欧洲建筑有深远影响。

为解决城内用水，公元前 312 年建造了一条长 16 千米的地下引水道，自东郊引泉水入城。公元前 2 世纪中叶，开始架设地上引水道。第一条地上引水道建于公元前 114 年，全长 86.6 千米，其后各代又陆续兴建。为引水上山，部分水道高达 49 米，为显示城市豪华，还附有装饰，是古罗马工程奇迹之一。部分引水道建筑至今犹存。其中曾因战争停止供水数年，在修复水道后，罗马人为庆祝恢复供水，在市内修筑了多处喷泉。传说如果行人能够背对少女喷泉把硬币投入其中，即可实现所许的愿望。故后来少女喷泉以许愿喷泉之称闻名于世。

为颂扬罗马皇帝图拉真的战功而建的图拉真圆柱位于圆柱广场尽端巴西利卡大厅后面小院的中央。建于 106～113 年间，为罗马多里安式大理石圆柱。柱高 38.7 米，底径 3.7 米。圆柱空心，内筑螺旋梯道直达柱顶。柱顶原有图拉真青铜塑像，16 世纪时改为圣彼得像。柱基为方形基座，内为图拉真墓室，安置金制骨灰盒。柱身饰以 1.2 米宽的环状螺旋状浮雕带 23 匝，表现 101～106 年图拉真先后两次征伐达契亚人的史实。浮雕带总长达 190 米，刻画人物 2 500 余个，其中还有胜利女神像。整个人物画面按时间顺序排列，表现了备战出发、安营扎寨、俘获敌人、胜利归来等内容。第一圈中央刻画一半身河神代表河流，左面的几条船上满载着军需品，岸边岩石上是罗马城，右面有一队士兵通过浮桥走向岸边；第二圈中央是堡垒，图拉真正在向军队动员；第三圈军队正在安营扎寨，架设桥梁，一队骑兵离营巡逻；第四圈中央是图拉真的步兵渡过山溪，右面表现图拉真在达契亚城堡外对部队发号施令。整个画面很少表现战斗场面，而是着重表现远征军的动态。画面也没有任何文字和题款。为方便观赏，螺旋带自下而上逐渐递增宽度，为避免遮住上面的画面，采用了浅浮雕手法。图拉真圆柱保存完好，为古代浮雕中的杰作，是研究古罗马军事史的重要资料。

罗马城的建筑宏伟壮丽，具有高度的科学水平。罗马城的建筑的装饰浮雕和雕像直接影响文艺复兴的发展，也对欧洲近代文化的形成起了重大作用。

古罗马对洗澡有特殊的嗜好，在很早以前，古罗马人就建了许多极其考究的大型浴场，将沐浴温泉作为养生与享受的一种方式。4 世纪时，罗马城共有大型浴场 11 个，中小型浴室 800 多个。当年，千人浴场大开放时的景象热闹而诱人，大浴场是罗马贵族和自由民交际和政治活动场所。在那里，经常有乐队在演奏乐曲，间或有诗人和戏剧家在朗诵自己的作品。

到了帝国初期，浴场规模发展得庞大而复杂，大型皇室浴场增设图书馆、演讲厅和商店等，还有很大的交易厅和运动场所。建筑一般用砖石、水泥和拱顶等，中央大厅宽敞明亮，罗马建筑追求空间效果和华美装饰的特色与多样化的用途，配合得可谓完美无缺。

2 世纪初，叙利亚建筑师阿波罗多洛斯设计的图拉真浴场确定了皇家浴场的基本形式：主体建筑物为长方形，完全对称，从轴线上是熟水厅、温水厅和冷水厅；两侧各有入口、更衣室、按摩室、涂橄榄油和擦肥皂室、蒸汗室等；各厅室按健身、沐浴的一定顺序排列；锅炉间、储藏室和奴隶用房在地下。浴场地下和墙体内、拱顶内设有管道，通热水汽和烟以取暖。

以后各代修建的卡拉卡拉浴场、戴克里先浴场和君士坦丁浴场，均大体仿此建造。这几个浴场的主体建筑都很宏大：卡拉卡拉浴场长 216 米，宽 122 米，可容纳 1 000 多人；戴克里先浴场长 240 米，宽 148 米，最多可容 3 000 人。它们的温水厅面积最大，用 3 个十字拱覆盖，是古罗马结构技术成就的代表作之一。在各种类型拱券覆盖下的厅堂，形成室内空间的序列，它们的大小、高低、形状、明暗、开合都富有变化，对以后欧洲古典主义建筑有很大影响。

帝国灭亡后，皇家办的大浴场多数遭到破坏。只有君士坦丁、戴克里先等少数浴场幸存下来。16 世纪，戴克里先浴场高大的温水厅被改为天主教堂，并保存至今。虽说这个大浴场如今已面目全非，然而人们来此驻足仍不难想象出它昔日的壮丽和兴旺。

古城罗马保持最长久的纪念建筑之一就是它巨大的道路网，首都罗马用道路和意大利各地、英国、西班牙、小亚细亚部分地区、阿拉伯以及非洲北部连成整体，并把这些地区分成 12 个行省，共有约 320 条联络道路，总长达到 78 000 千米，以维持帝国在广大地区的统治地位。

有这么多的高水准道路通向四面八方，所以也就留下那句“条条大路通罗马”的谚语。

整个帝国庞大的道路网，以 229 条干道为主体，工程技术标准和便于通行程度非常高。史学家认为，这种道路工程是罗马“最有特色的文化纪念物”。

在恺撒、图拉真等皇帝亲自监督下建造的罗马大道，建筑规范，管理有序，将千万个城乡紧密连接起来，极大地促进了罗马帝国的繁荣和强盛，为罗马文明的传播创造了无比优越的条件。

公元前 312 年，为适应版图扩展和势力延伸的需要，在监察官阿庇乌斯的主持下，罗马人修筑了第一条高水准的罗马式道路——阿庇乌斯路。这条大道从罗马南下直达意大利工业中心卡普亚。之后不久，罗马又修了一条北上的弗拉米乌斯路，直达亚得里亚海滨的北方重镇阿里米昂。再从这条北上大道延伸至波河流域，就可与法、德、瑞士、奥地利等地相连，通达之途更为广阔。

到公元前 2 世纪，罗马陆续建成几条大道。奥莱丽亚大道以罗马为起点，向西北直达热那亚；瓦莱里亚大道横贯亚平宁半岛；还有一条称为拉丁大道，沿着罗马向东南方向延伸，在卡普亚附近与阿庇乌斯路连接。

就第一条大道“阿庇乌斯路”来说，它工程品质可靠，坚固牢实，“全天候”使用，无论雨雪风暴、翻山过桥随时都可以保证畅通。平时的交通军旅以坐骑为主，货物则用车运，因此这种道路必须宽度不仅要足容数队军骑来往通行，还要保持路线基本平直，上下坡度力求低缓，桥梁设施配套齐全。

在古罗马，主要军用大道宽十一二米，路中间硬面部分宽 3.7～4.9 米，供步兵通行，外侧为骑兵道，宽 2.5 米。这种建筑工程技术的标准是修筑阿庇乌斯路时拟定的，以后其他路的修筑都纷纷仿效。

铺设罗马大道要从异常精确的勘察开始，在开阔地带，道路是直的，在凹凸不平的乡间，则要穿过地势较高的地区。必要时，需开凿隧道通过山坡，遇到沼泽地带时，则把堤道抬高。

由于还没有电的发明使用，勘察人员经常靠点火调准路线，大部分在黎明和傍晚时分完成。为了完成任务，他们还依赖各种不同的仪器：便携式日晷，以确定方位；量角仪——一根木杆上装有水平交叉横木，四端各用线垂一重物，用来测量直线和直角；还有一个水准测量仪器，叫作地层仪，用来测定地形的剖面。

罗马大道后来被用于商贸往来，但最初是军队使用的道路，是帝国为了向外扩延势力，为了加快部队行进速度，以尽快到达前线动乱地点而建设的。

遍布帝国大地的交通道路网络，在中世纪的时候为全欧洲受益。在铁路时代到来之前，罗马人这套伟大的建筑体系工程，为欧洲陆路旅行在方便快捷方面做出了无与伦比的贡献。

在2 700年前，罗马人建造了一座当时世界上最大的城市：罗马城。经过连年不断的战火破坏，经过一代又一代的复建修造，经过数百年的风尘岁月，终于形成了一座拥有庞大建筑群的辉煌都城。以罗马城为轴心，总长达近8万千米的道路，像太阳辐射光芒一样，把欧、亚、非三大洲连为整体，形成了一个强盛的帝国。然而，岁月无情，千年之后，这里已成供人参观的遗迹。只有那残存的罗马古道，似乎在讲述着昔日的辉煌。

7. 金碧辉煌的哈马丹古城

在古代伊朗真的有过一座黄金铸成的豪华都市，它就是伊朗人最初的国家米底帝国的都城——哈马丹。

位于东西方交通要道之上的哈马丹，它的出现可能要远早于戴奥凯斯时期。但哈马丹城真正的建立者是米底王国的开创者戴奥凯斯。据说，他本人是部落首领之子，聪明过人。为取得最高地位，他努力在本部落中主持正义，最终被选为仲裁者。他的美名逐渐传遍四方，所有的米底人都同意选举他为国王，并给他建造了一座与国王身份相称的宫殿，还建立了一支禁卫队。随后，他又让米底人给自己建造了一座城市作为新都，这就是哈马丹城。

哈马丹城厚重高大，是一圈套一圈地建造起来的，每一圈里面的城墙都要比外面的一圈高。由于城市建筑在平原之上，这种结构对防御外敌进攻大有帮助。

相传哈马丹城共有 7 圈：最外面一圈的城墙是白色的，长度与雅典城墙大致相等，第二圈是黑色的，第三圈是紫色的，第四圈是蓝色的，第五圈是橙色的，第六圈是白银色的，第七圈是黄金包着的。而国王戴奥凯斯的王宫，就坐落在镶嵌着黄金的城墙之内。

哈马丹城极可能是分部落或种族而居，每个居住地之间可能有围墙加以分隔，就好像中古时代按部落居住的伊朗城市的居民区一样。哈马丹城的这些围墙，加上宫墙和外围墙总数正好是 7 道。当然，古代哈马丹城市的街区也有可能就和今天的情况一样，居民区如同蜘蛛网一般，一圈又一圈，围绕王宫形成 7 个包围圈。

尽管没有任何文字资料，但是，从宫廷浮雕中还是大致可以窥见这座古城的面貌。有坚固的城墙，高耸的塔楼；城墙外有护城河，足以抵抗强大敌人的进攻。哈马丹作为米底王国最大的城市，也是米底人反抗亚述的中心，理所当然应当更加雄伟坚固。

米底帝国灭亡之后，哈马丹又成了古波斯帝国四大都城之一，古波斯历代诸王每逢夏季都要来哈马丹的王宫避暑，由此可以想象哈马丹热闹和繁华的程度。古代两河流域宫廷宴会极为频繁，哈马丹作为王宫圣地自然也不例外。王室宴会之所以很多，是因为自然经济占主导地位的情况下，王室积累的大量剩余产品只有通过挥霍浪费才能得以消费，所以宫廷的吃喝风特别兴盛。

王室宴会享用的酒类主要有枣酒、葡萄酒、啤酒等，其中葡萄酒由于生产的历史最悠久，质量也最好，是专门供贵族上层使用的饮料。肉类主要是羊肉。王室命令各地必须按时给王宫送绵羊、山羊。此外，还有牛、马、骆驼、驴和骡子肉。有时，国王和侍从也偶尔去打猎，捉个山羊、小兔或鸟儿什么的，就算是山珍海味了。王室平时吃吃羊肉就可以了，遇到重大节日则要宰杀许多的牛、羊、马、骆驼来招待百官群臣。

国王的日用器皿也令人关注。器皿主要以金、银制品占多数，但也有一些特殊的器物。在萨尔贡二世的宫殿中，考古学家发现了一个刻有"萨尔贡"之名的玻璃杯，这是迄今世界上最早的有确切纪年的玻璃器。当时的玻璃器分为透明和不透明、纯色和杂色等不同品种，质量好的玻璃器都是由王家作坊生产的。西亚的玻璃器直至公元前 2 世纪末才开始传入中国，成为中原历代君王御用之物。

在王室器皿中，波斯酒器和银器都非常有名。酒器中最有名的是角杯，一般由动物的角制成，也有用其他原料做成动物角的形状。角杯周身上下都有精致的雕刻，其工艺反映出伊朗、中亚和希腊特色。角杯一般用来做祭器或礼器，在国王登基或重大节日时才使用。其宗教意义则是后来才产生的。波斯银壶也是重要的酒器。中国北周李贤墓中发现的鎏金壶，是古代萨珊王国的杰作，它和现今保存在圣彼得堡隐士博物馆和日本法隆寺的萨珊银壶，都是传世之宝。这种酒器是萨珊时期最流行的酒器，所以才流传到国外许多地方。

由此可以想见，历朝历代王室成员在哈马丹过着怎样的醉生梦死的奢侈生活。后来，哈马丹又成了塞琉西王朝在东伊朗的统治中心。安息时期，哈马丹一度成为安息的都城。

事实上，哈马丹对人类文明的延续也做出了贡献，为后人留下了关于波斯帝国丰富的历史资料。人们在离哈马丹不远的悬崖上发现了“贝希斯敦铭文”。波斯国王大流士在氏族贵族的支持下，发动政变夺取了王位，并用两年多的时间镇压了各地的暴动。为了让后人记住他的功绩，他将平暴的经过令工匠用波斯文、埃兰文、巴比伦文（阿卡德）三种文字刻在米底首府爱克巴坦那（今哈马丹）以西的贝希斯敦村悬崖峭壁上，这就是著名的“贝希斯敦铭文”。

铭文分两部分，上部浮雕生动地再现了大流士俘虏暴动首领的情景。8 名暴动首领被五花大绑，长索鱼贯系颈，从大流士面前经过。大流士左脚踏在被打倒的高墨达的身上，左手张弓，右手指向天空向他所崇拜的太阳神阿胡拉·马兹达致敬。浮雕下部是用波斯楔形文字刻写的全文。在浮雕和波斯铭文的左边，又有与波斯文字内容相同的巴比伦楔形文字和埃兰楔形文字。从铭文的内容得知，8 名暴动首领的暴动地区分布在埃兰、巴比伦、波斯、米底、萨迦尔提亚、马尔吉安娜和亚美尼亚等地方，可见暴动范围之广。

铭文的序文结尾类似“汉谟拉比法典”，颂扬大流士是“伟大的王、众王之王、波斯之王、诸省之王”。宣扬君权神授：“诸省皆归于我，我对他们命令的一切——无论黑夜和白天——皆立即执行，凡对我友善者，我加以恩典；凡与我为敌者，予以惩治。按阿胡拉·马兹达的意志，天下皆遵从我的法律。阿胡拉·马兹达把这个王国给予我，助我，使我占有这个王国。”

“贝希斯敦铭文”的释读工作从 1847 年开始。罗林森首先译解了其中的古波斯文，后来又将古波斯文和古巴比伦文相对照，成功地释读了巴比伦楔形文字。因巴比伦楔形文字同埃兰文字、亚述文字都属西亚楔形文字体系，而记载两河流域的亚述尼尼微王国图书馆的两万块泥板文书已被发现，所以“贝希斯敦铭文”的释读促成了亚述学的兴起，为人类研究西亚的历史做出了重大贡献。刻有“贝希斯敦铭文”的悬崖正处在两河流域往哈马丹的大路上，不难想象，哈马丹当地居民为这块铭文的篆刻做出了一定贡献。

哈马丹古城在各个时期的城市建设究竟如何，人们尚不清楚，因为挖掘哈马丹古城的工作一直没有展开。哈马丹是否真的黄金遍地？或许，真相将随着研究的逐步深入而掀开它最后的面纱，我们期待着这一天的早日到来。

8. 飘香的“月亮城”——耶利哥古城

在注入死海的约旦河口西北约 15 千米处的巴勒斯

坦境内的埃里哈城郊，有一座低于海平面以下约 250 米的古城，这座古城正好位于耶路撒冷与安曼之间的约旦河河谷中央，这就是驰名世界的最古老的城市耶利哥。

耶利哥的本意是“月亮城”和“香料城”。它地处亚热带，气候干燥，雨水稀少，由于附近的“苏丹泉”和“厄利夏泉”的滋润，才形成一片富饶的绿洲，从而吸引了一批又一批的先民到此安家乐业，繁衍生息。因此有人认为，如果说埃及是受赐于尼罗河的话，那么耶利哥则是受惠于泉水的恩赐。历史上，这里棕榈茂密，故又有“棕榈城”之称。

从公元前 1 万年起，大约到新石器时代，人类就已经在这里定居。古人不仅建造了这座城市，而且建造了一些寺庙，是以狩猎和采集为主要生活来源的先民们用来祭祀泉水的建筑。

耶利哥是迄今所发现的世界上最古老的城市。城市面积约 4 公顷（相当于 60 市亩），城周围有厚 2 米、高 4 米的石头砌成的城墙，城墙最高处超过 6 米，用雕琢规整的石块垒成。城墙外还挖有一条宽 6.44 米、深 2.43 米的大沟，类似中国的护城壕。城中建有直径 10 米、高 8.5 米以上的巨大塔楼，塔楼内设有阶梯直通顶端，类似于欧洲中世纪的城堡主垒。据推测，当时的耶利哥城常住居民有 2 000 人，他们从事农业生产，饲养牛、绵羊和猪，掌握了燧石制作工具的技术。这些居民还从事大规模土木工程建设，其组织严密的程度令人称奇。

然而，繁盛一时的耶利哥城在公元前 7300 年左右突然衰落，此后与此文化系统不同的人从叙利亚一带迁来定居，形成新的城市。新居民用晒干的扁平状土坯建筑较为规整的方形住宅，地面与墙壁抹上一层灰泥，屋内设神龛，城内新建了用于祭祀的建筑物。至公元前 6000 年左右，耶利哥再度废弃，沦为荒丘。

公元前 4500 年左右，耶利哥重现人类活动的踪影。居民们已会制作陶器，他们居住在竖穴房屋里，具有强烈的游牧民族色彩，这些先民逗留了 500 年左右，便远徙他乡，另觅新居。

到了公元前 3000 年左右的青铜时代早期，耶利哥再度兴盛起来。居民们穿岩凿墓，埋葬死者，他们死后盛行多人多次合葬，此外，还筑起城墙。有些专家将此称之为“原始都市期”。居民们用干土坯垒砌的城墙在地震和外敌的攻击下，屡废屡兴，最终被阿摩利人的一把大火焚毁殆尽。

在这场浩劫后，耶利哥沦为尚未开化的阿摩利人的宿营地。公元前 1900 年左右，又一支来自叙利亚的民族占据了这座城市，重建耶利哥城，耶利哥进入青铜时代中期，这是耶利哥最繁荣的时期，很快，城市高度发展，成为重要的贸易中心。耶利哥城居民南与埃及人，北与赫梯人，东与美索不达米亚城邦，西与迈锡尼人进行交往，其富饶状况集中反映在这一时期岩穴墓中随葬品的种类和数量上。地下出土遗物表明，随葬品种类多，数量大，有食物、家具、装饰品、陶器、雪花石膏制的容器、小木箱以及放置食物的桌子等。

可是，好景不长。公元前1560年前后，从埃及远道而来的喜克索斯人攻入耶利哥，混乱中，城市毁于大火，化为焦土。

关于耶利哥城，据《圣经》记载，早在约书亚接替摩西成为以色列人的领袖，率领以色列人攻陷并摧毁耶利哥城之前，耶利哥城就已经存在许多世纪，并且一直是一座威震迦南（今巴勒斯坦）的名城，许多东方侵略者在它的铜墙铁壁面前，碰得头破血流，铩羽而归！

《圣经·约书亚记》生动地描述了公元前1400～公元前1250年时，约书亚率领以色列人智取耶利哥城的过程。

据载，约书亚率领以色列人从埃及辗转跋涉，到达约旦河东岸时，在什亭安营扎寨，他们举目望去，只见河对岸广阔的棕榈林中，矗立着耶利哥城的一座座碉堡和塔楼，凛然不可侵犯，约书亚久闻耶利哥城固若金汤，未敢贸然进犯。为了摸清耶利哥城的兵力和军事设施情况，他派遣两名以色列军人，乔装成迦南人，混进城中侦察敌情。当这两个探子完成任务傍晚准备回营时，发现城门已经关闭，他们在城门附近的一家客栈求宿，那家客栈的女主人是一个妓女，名叫喇合，她很机灵，一下就认出这两个人是以色列探子，尽管如此，她还是热情地接待了这两位不速之客。但事不凑巧，两名以色列探子的行踪被一位耶利哥人看见，他立即报告了耶利哥王，耶利哥王听到报告后，立即派守备队前来捉人。妓女喇合将这两名探子藏在房顶上，掩护起来，躲过了搜捕。两名探子由衷地感谢喇合的救命之恩，并起誓，攻陷耶利哥城后，保证喇合及其父母、兄妹的性命。因为喇合的房子紧挨着城墙，喇合帮助探子顺着绳子溜下城墙，逃出耶利哥城。

两名探子平安回营后，向约书亚汇报了所了解的情况。当天夜里，约书亚率领全体以色列军民，在耶和华上帝的神助下，脚都未湿就渡过了波浪汹涌而又浑浊的约旦河，直逼耶利哥城下，将耶利哥城团团包围起来。

约书亚的围攻战术新颖独特。每天以色列人都走出营盘，在离弓箭石弹射不到的距离，绕耶利哥城走一圈，一连这样搞了 6 天。被困在城里的耶利哥人都攀上城墙，惊恐地观看以色列人的游行队伍，由于不解其中的奥秘，心里越来越怕，担心大难临头。自从耶利哥城建成以来，从未有哪一帮侵略者行动如此神秘莫测。

到了第 7 天，约书亚决定对耶利哥发起总攻。清早，他仍旧把军队领出营盘，这回以色列人绕城走了 7 次，前 6 次他们跟前 6 天一样，一声不吭，但走到第 7 次时，以色列人一听到号角声，就齐声呐喊，喊声震天动地，城墙随之倒塌，以色列人一拥而上，攻入城中，见人就杀，除了妓女喇合一家外，不分男女老幼，包括牲畜在内，全被斩尽杀绝。最后，以色列人抢掠了城里的金银财物，又纵火焚烧了房屋和其他建筑物，显赫一时的耶利哥城化为一片灰烬。

基于《圣经》的记载，19 世纪以后，考古学家们不断涌来，探寻这座古城遗址。1867～1870 年，欧洲人沃伦率先在耶路撒冷及其周围地区展开了调查发掘工作，但是一无所获。1907～1909 年，德国东方协会的厄恩斯特·塞林教授揭开了耶利哥城的发掘序幕。1930～1936 年以及 1952～1958 年，加斯唐和凯尼扬分别率领一支英国考古队发掘了这座古城遗址，揭示出从新石器时代直至《圣经·约书亚记》第 6 章中所描述的毁城时代为止的完整序列，其时间跨度为公元前 1 万年～公元前 20 世纪中叶。它不仅在巴勒斯坦，而且在世界历史上也算得上是屈指可数的重要遗址之一。

耶利哥城掩埋在南北长 350 米、东西宽 150 米、高 21.5 米的巨大人工土丘之下，经过 100 多年来的考古发掘，虽然迄今尚未发现被以色列人摧毁的耶利哥城遗址，但是英国女考古学家凯瑟琳·凯里扬博士在 1952～1958 年的考古发掘过程中，发现了更为古老的城墙遗址，经过对放射性元素碳 14 的测定，最早的年代为公元前 8000 年，史学家认为，以色列人攻打耶利哥之役是发生在公元前 1400～公元前 1250 年，因此耶利哥城在被以色列人毁灭之前至少已经存在了 6 500 年。这一重大的考古发现使全世界为之震惊和欣喜。

耶利哥城的形成绝非朝夕之功，耶利哥城遗址丰富的文化层向我们昭示了一幅波澜壮阔的历史画卷。

耶利哥城的重见天日揭开了人类城市发展史的新篇

章，它将人类城市的起源从公元前5000年提早到公元前8000年，整整提前了3 000年！随着考古调查的进展，我们相信，在世界上许多地方，不管是海底还是陆地，不管是低谷还是山丘，都有可能埋葬着比耶利哥更早的城市，而这些未来的发现正有待于后继者去发掘。

9.“死亡之丘”——摩亨佐·达罗古城

早在距今四五千年前，印度河流域就已经出现了一个古老的文明，它与埃及、巴比伦、中国的文明一样悠久和辉煌，故并称为人类文明的摇篮。

巴基斯坦信德省的拉尔卡纳县南部，印度河的右岸，有一座半圆形的佛塔废墟。这里白天狂风怒吼，沙尘飞扬；夜晚寒风习习，尽收眼底的只有一望无际的信德沙漠。多少年来，这里一片荒芜，满目凄凉，被当地人称为“死亡之丘”，但许多学者更喜欢称它为“死丘”。古城摩亨佐·达罗就位于死亡之丘上。

摩亨佐·达罗古城面积约260万平方米，鼎盛时期人口将近4万。城市分为城堡和市区两部分，笔直的街道在十字路口直角相交，房屋排列井然有序，因此，是人类历史上最早的有完善规划的城市，也是公元前2500～公元前1500年的青铜时代的一座世界名城。

古城明显地分为东、西两部分：西部地势较高，建有设防严密而又坚固的城堡，是统治中心所在；东面地势略低，是城市平民、手工业者和商人的生活区。

城堡建在一个10米高的人造平台上，有高而厚的城墙和防御塔楼。城堡中心是长方形大浴池，长10米，宽7米，深2.4米，周围建有一系列公共建筑物，浴池底部的火砖用沥青进行过防水处理，然后用石膏灰泥砌合，密不漏水，浴池南北两侧设有阶梯，通到浴池的底部。大浴池是摩亨佐·达罗的典型遗迹之一。

紧邻大浴池的西边是一个带有通风管道的粮仓，建在火砖砌成的平台上。粮仓最初东西长45米，南北宽27.5米，后来又进行了扩建。专家们认为，大浴池是专供祭祀的场所，粮仓是聚集财产的仓库，两者结合在一起，寓意着生命的再生和繁衍。

城堡南部还有一组公共建筑物，其中心是会议厅。

由此可见，城堡不仅是全城的统治中心，还是宗教中心。统治者凭借大浴池的威力和粮仓的力量行使着对广大平民的生杀予夺大权。

古城的东面是居民生活区，有东西走向的干道两条，南北走向的干道三条，或相互平行，或垂直相交，主干道宽达10米，将城区划分为12个区域。在每一个区域内又有宽1.5～3米的小道与主干道相通，将城区划分成更小的方块。街道之下，有砖砌的排水沟。整个城区内居民住宅建筑错落有致，布局合理。居民住宅主要用红砖砌成，大小、高低和设备差别很大。有的只有两间小屋；有的却有许多房间和厅堂；还有两三层的楼房，内设有厨房、盥洗室和卧室，显然是富人的住宅。居民住宅的大门面向小街，有完善的排水设施将污水排入小街的排水沟内，然后汇入主干道的排水沟中，排水沟上设有许多检查用的小孔，以防淤塞。而贫民的住宅根本没有这些设施，反映出贫富分化，阶级对立。如此复杂的城市排水系统不仅在历史上无与伦比，即便在当今世界，也为诸多城镇所望尘莫及。

城市是文明发展水平的一个重要标志，类似摩亨佐·达罗这样先进发达的城市规划只有到 1 000 多年后的古罗马时代才达到同等的水平！在这同一时代，世界上绝大部分的人们还居住在山洞中，或是住在用树枝、树叶、泥土搭起的简陋棚屋里，人口最多也不过是 1 000 人以下的村落。

印度古老文明的发展和绵延是建立在农业与贸易基础之上的。从摩亨佐·达罗遗址出土的兽骨材料来看，当时信德地区并没有今天这样的沙漠，在印度河东面流经信德省的河流还有一条，名叫麦赫兰河。在大河的滋润下，这里土壤肥沃，水源充足，灌溉农业发达。先民们种植的农作物有小麦、大麦、水稻、棉花和枣子，驯养的家畜有瘤牛、黄牛、水牛、绵羊、猪、狗、象和骆驼。在农牧业发展的基础上，派生出了植棉织布业、养羊剪毛纺织业，有了专业分工的工匠和商人。“信德”之意即为“棉花”（一说意为海），据说当时印度河流域的棉花远近闻名，两河流域的巴比伦人把棉花称为“信杜”，希腊人称为“信顿”，其发音与今日的“信德”大体相近，因此，“信德”一词可看作是印度河文明为植棉业鼻祖的有力佐证。

摩亨佐·达罗的手工业颇为发达。当时已有带轮子的车，二进位制与十进位制计算数字的标准度量制度，并且制造红铜、青铜和石质武器，以及金、银、金银合金、红铜、青铜、釉陶、红陶、象牙和玉髓等质地的装饰品，但没有铁器。陶器绝大多数为素面，也有鲜红条纹上再饰黑彩的彩陶。金属制作与石雕工艺娴熟，尤其以小型石印章上的凹雕工艺最为突出，在用石器、陶器和象牙雕刻的印章上不仅刻有牛、鱼、树木的图案，而且还有奇异的文字。这种文字共有500余个，自左向右读，至今尚无人能够破译。

摩亨佐·达罗鼎盛时期的海外贸易在印度河流域也是首屈一指的，其中最大规模的贸易是经由海路与两河流域古老文明的交往。在此过程中涌现出罗塔尔、马克兰、俾路支等各处贸易中转站，它们在保护和促进贸易发展中起着不可估量的作用，同时也为印度河文明的摩亨佐·达罗在印度河流域独领风骚，起到了媒介作用。

根据最近20年来印度、巴基斯坦两国考古学界共同的调查结果表明，以摩亨佐·达罗为代表的印度河文明，远远超过同时代的其他地方，那么，谁创造了这一文明呢？为何存在一段时间以后会突然衰落乃至消失呢？摩亨佐·达罗的主人从何而来，又去了何方？也许只有在古城遗址中发现的镌刻在陶器、金属制品以及石印章上的文字能够做出准确的答复。

印度河文明遗址的发现，尤其是巴基斯坦境内的“死亡之丘”——摩亨佐·达罗遗址的重见天日揭示出，早在雅利安人入侵印度之前好几个世纪，这里就存在着一个繁荣的青铜时代文明，它具有规划完善、人口密集的大型城市和众多的小型城市以及居民点，不仅有赖以生存的农牧业，而且还有相当发达的海外贸易。

曾几何时，印度河文明扬名四海，怎奈好景不长，它持续了 750～1 000 年，便倏然消失了。印度河文明的突发性产生本身就是耐人寻味的，其倏然消失更是令人捉摸不透。

关于摩亨佐·达罗的创建者大致有 3 种猜测：一种认为其创建者是两河流域的苏美尔人，其理由是印度河流域在当时是苏美尔人的殖民地，两河流域曾多次发现这里出产的印章、珠子和陶器等。一种认为其创建者是雅利安人。还有一种认为其创建者是达罗毗荼人。这三种说法都难以自圆其说，因此，关于摩亨佐·达罗的创建者依然是个谜。

摩亨佐·达罗为何突然衰亡？学术界对此亦是众说纷纭，但都不外乎自然灾害和人为因素两种情况。

一种说法是公元前 1700 年左右，地球上曾经存在着一个地震活跃期，印度河流域在这一时期也发生了地壳运动，导致河流改道，洪水泛滥，文明古城摩亨佐·达罗受到 3 次大洪水的袭击，瘟疫流行，土壤盐碱化，不利耕作，环境恶化，最终荒废。

另一种说法是从遗址第7层有乱七八糟的被杀者的残骸推测，古城的消亡是由于内部纷争，自相残杀，逐渐衰落，从而给外族人——雅利安人以可乘之机。然而考古学上并未发现任何雅利安人入侵的迹象，更何况雅利安人进入印度河流域是在摩亨佐·达罗废弃400年之后！因此，这种看法目前已经基本被否定。

还有人认为由于过度地放牧和种植，地力耗竭，破坏了生态平衡，使得植被稀疏，表土裸露，在强烈阳光的照耀下，水分蒸发，化为一片沙漠。

从摩亨佐·达罗遗址的情况来看，古城毁灭前夕，居民无视城市规划，房屋随意侵占街道，甚至侵占到城堡内部，城堡失去政治、宗教中心的功能，这一系列事实证实了摩亨佐·达罗人的社会生活后来呈现恶化的迹象。在绿油油的原野变成不毛之地后，居民们于公元前1500年左右被迫携家带口，背井离乡，抛弃生于斯长于斯的故土，集体向哈拉帕迁徙，另立新都。但是无论哪一种说法都难以使人信服，印度河文明古城摩亨佐·达罗的消失仍是一个谜。

值得庆幸的是，近年来有关印度河文明起源与消失的研究受到越来越广泛的重视。我们可以相信，随着考古发掘的进展和研究工作的深入，在不远的将来，印度河文明的谜底定能大白于天下。

10. 繁荣一世的乌尔古城

古老的中东在人们眼中曾是一个充满神秘色彩的

“梦幻家园”。在悠久的历史中，这里的人们曾创造了不朽的文明成果。

在悠悠历史长河中，勤劳智慧的东方人曾经创造出了无数令人惊叹的文明佳作。而今，伴随着考古技术的飞速发展，这些承载着古代劳动人民智慧与血汗的“传世佳作”再一次散发出无穷的魅力，并把热衷于此的人们带到了那激动人心的古老世界……

乌尔古城距今约有 7 000 年的历史了。被认为是世界最古老文化的创造者的苏美尔人也是在《圣经》记载的洪水之后才来到这个城市的。大约在公元前 400 年，幼发拉底河改变了河道，这个港口城市的噩梦降临了：它位置太高，造成水源紧缺，衰落也就不可避免了，并最终没入黄沙中。作为亚伯拉罕先知的诞生地，它与《圣经》有着特殊的联系。在乌尔有一座壮丽的庙宇和一座雄伟的皇家墓地。

大约在公元前 3700 年前，港口的贸易让乌尔城的居民们变得富裕起来，为满足经济来往的需要，一种原始的文字被发明出来。公元前 2300 年乌尔古城达到全盛。据《圣经》记载，希伯来人的始祖亚伯拉罕就出生在乌尔城。乌尔城是古代苏美尔文明中心之一，还曾是 3 个王朝的都城。古城遗址中最重要的遗迹有外形像金字塔、用于祭奠的塔庙、塔庙以东的乌尔城宫殿遗址、建于公元前 30 世纪的神庙和距塔庙不远的公元前 2600 年的皇室陵墓。塔庙高约 13.7 米，底长 61 米，宽 46 米，是两河流域独特的建筑形式。乌尔城是美索不达米亚的大都会，是幼发拉底河畔的港口城市，当时非常靠近波斯湾，这些早期的苏美尔人奠定了美索不达米亚文明的基础。

公元前30世纪之初，在两河流域南部逐步形成了许多奴隶制城邦，其中主要的有埃利都、乌尔、乌鲁克、拉伽什、乌玛、基什等。各城邦为夺取奴隶、土地和水源，争战不断，其中基什、拉伽什、乌玛相继称霸。

大约在公元前20世纪中后期，美索不达米亚进入群雄并起的时代，乌鲁克、乌尔、尼普尔、基什及北方的阿卡德人都是平原上的强者。其中，乌尔城在乌尔王的统治下，逐渐成为一个军事超强者。强大的乌尔城靠着它那所向无敌的军队和繁荣昌盛的经济，很快成为苏美尔文明的中心之一。但从乌尔第二王朝后期起，乌尔的军事实力开始逐渐走下坡路，对邻近地区的控制力也渐渐削弱，不再拥有当年的风光。而与此同时，阿卡德人却逐渐强盛起来，新月平原上的政治实力对比，出现了此消彼长的明显变化。

在闪米特人到达美索不达米亚以后，主要在平原的北部和偏北部地区定居下来，他们的后裔被称为阿卡德人。他们没有建造自己的城市，而是紧挨着苏美尔人居住。在长期相处的生活中，阿卡德人逐渐接受了苏美尔文化，融入了苏美尔文明。但他们始终不忘自己的民族特征，不断发展壮大自己。终于有一天，居住在基什城邦北边的拉伽什的阿卡德人脱离了苏美尔人的统治，建立了由阿卡德人统治的拉格什城。

阿卡德城的首领萨尔贡雄心勃勃，他亲率大军南征，与路伽尔扎吉西的军队在乌鲁克城下进行一场生死决战。一场惊天动地、异常惨烈的恶战之后，乌鲁克城被攻陷。

此战之后，萨尔贡再接再厉，指挥大军继续南征，一路势如破竹，锐不可当，相继攻克了乌玛、乌尔等大小城市。之后，萨尔贡建立起一个强盛而广阔的阿卡德王国，把两河流域的大部分地区置于自己的统治之下。从此，两河流域第一次出现了一个统一的政权实体，从而结束了长达 1 000 多年的美索不达米亚列国纷争的时代。阿卡德王朝在萨尔贡的孙子纳拉姆辛统治时期达到了极盛阶段。大约在公元前 2220 年，不可一世的阿卡德王朝土崩瓦解——古提人攻入美索不达米亚，成为美索不达米亚的统治者。

经过百余年阿卡德的强权统治后，苏美尔各城邦获得了复兴的机会。这些不甘人后的苏美尔城邦抓住机遇，竭力发展自己的实力。随着苏美尔城邦的复兴，推翻古提人统治的呼声此起彼伏。乌鲁克城率先挺身而出，向古提人发起进攻。到公元前 2200 年左右，游牧民族古提人被乌鲁克打败，退回东北部山区。

就在乌鲁克雄心壮志，打算一统疆域的时候，它却忽略了那个潜伏在自己南边、压抑已久的苏美尔强者——乌尔城。月神之城乌尔，在新月平原列国争雄时曾风光一时。在阿卡德王朝时，曾以不屈服而扬名。而“山地之龙”古提人采取的宽松的统治方式，也给了乌尔城休养和复兴的机会。数十年后，乌尔城已变得繁荣昌盛起来。

乌尔第三王朝的创建者乌尔纳姆雄心勃勃，他曾登上乌尔高大的城墙，在月光下抒发豪情：“问莽莽平原，谁与争锋！”这时候的乌尔，已经强大得足以小视平原众城。乌尔纳姆将进攻目标瞄准了乌鲁克，因此一场战争不可避免地发生了。结果，乌尔军人击败了乌鲁克人，又乘胜前进，征服了美索不达米亚的大部分地区。乌尔纳姆因此建立了辉煌的乌尔第三王朝，开辟了新苏美尔时代。乌尔城成为美索不达米亚的政治和文化中心、帝国的首都。

在乌尔纳姆的儿子苏利吉时代，乌尔王朝的国力达到了顶峰。苏利吉效仿纳拉姆辛，自封为“世界四方之王”，自称为“神”。但是，从苏利吉时代后期起，乌尔的社会经济就开始动荡不安，并逐渐衰落。大约在公元前1738年，乌尔城遭受战火侵袭，大部被夷为平地，乌尔城从此一蹶不振。公元前4世纪亚历山大大帝东征不久，乌尔城曾再现于历史之中，但仅仅是一闪即逝。此后，乌尔城就从历史上消失了。

经过几千年来幼发拉底河与底格里斯河的冲积，海岸线向前推进了150千米，再加上连年动乱与过度开发，这座古老的城市逐渐衰败成为废墟，直到20世纪20年代其遗址才被人发现。

乌尔城址位于伊拉克巴格达市东南约300千米处的穆盖伊尔。乌尔第三王朝时为首都，商业发达，与波斯湾及印度洋地区有贸易往来。此后长期隶属于巴比伦诸王朝和波斯帝国，是当时两河流域南部宗教和商业中心。19世纪中叶，英国地理学者洛夫特斯等人开始进行发掘研究。1922～1934年，英国考古学家吴雷领导的不列颠博物馆和美国宾夕法尼亚大学联合考古队，又进行了大规模的系统发掘。乌尔城址的早期地层堆积，分属欧贝德文化和乌鲁克文化。晚期地层堆积属苏美尔早王朝及以后各时代。这一遗址的发掘，为了解两河流域南部的早期历史提供了丰富的实物资料，对研究这一地区阶级分化、国家产生等问题有着重要的意义。

乌尔第三王朝国王乌尔纳姆所建的乌尔城呈叶形，周围有城墙，南北最长处为1 000米，东西最宽处约600米。城墙的北端和西端各有一码头，东端为一城堡。城中央的西北部是塔庙区。塔庙区东南建有王室进行祭祀时使用的行宫。附近即为乌尔王陵和乌尔第三王朝诸王的陵墓。城西码头附近及城中央偏东南处各有两个居住区。北城墙附近是新巴比伦国王拿波尼度为其女儿——祭司贝尔·莎尔蒂南娜所建的宫殿。

塔庙是乌尔城址残留的建筑物中最为重要的宗教建筑。它是在沥青基础上用砖坯筑成的多层建筑物，墙体向内倾斜，外形如分层的金字塔，不过下面的几层实际是一层层台基。其中最精致的一座是供奉乌尔王的保护神即月神“欣”(亦名南纳)的塔庙,建于公元前22世纪乌尔纳姆统治时期。高约12米,分3层。基部为长方形,面积为2 944平方米(64米×46米),顶部筑一小神庙,既是月神的寝宫,又是塔庙的中心。寝宫内有壁龛,供放神位。塔庙四周的广场被称为“圣区”。其东北角另有一较小的塔庙,旁边有祭司的住房。东南边的一组建筑,为供奉南纳及其妻宁伽尔的两座神庙、一些小庙宇及女祭司的生活区。乌尔城的塔庙是两河流域地区所有的塔庙遗迹中保存得最好的。它们表明公元前3000年苏美尔的建筑师已开始使用圆柱、拱廊、拱门、拱形圆顶等基本建筑形式。

乌尔城址内共发现大小墓葬2 500座以上,但多被盗掘,其中有16座王陵属乌尔第一王朝时代。每座王陵都有大规模的穹隆顶墓室,并附有几个用石或砖建造的侧室。随葬品丰富奢华,有珠宝、镂孔金杯、金牛头竖琴、带青金石剑柄和黄金剑鞘的短剑、金琉璃头饰、青金石制作的圆筒印章,以及用贝壳、黑曜石、红石为材料镶嵌、黏合成的各种饰物等。每座王陵都有人殉,少者3人,多者达74人。乌尔王陵的随葬品反映了当时乌尔城邦的生产力、艺术水平以及与西亚其他地区的往来情况,也说明奴隶主贵族掠夺、剥削来的财富已达到惊人的地步。

在所有的出土随葬品中,乌尔女王淑巴德的头饰称得上是最有工艺价值和审美价值的物品了。在世界上绝大部分地区仍处于茹毛饮血之时,乌尔人的金属加工工艺竟已达到了如此炉火纯青的程度。在发掘另外一位国王的墓葬时，人们发现了一把短剑，该剑剑锋寒光熠熠，剑鞘不仅雕琢着植物图案，还镶满了珠宝玉石，充分体现了乌尔君主的富足与豪奢。

二、被人遗忘的远古都市

当历史的车轮碾压过数千年之后，很多人类杰出的发明创造都已淹没于时光，尘封于记忆中。一座座辉煌的古城，一个个昌盛的王国，都已化为历史的尘埃，渐渐被人遗忘。感谢一代代执着探索的考古学家，让消失的城市复活，让古老的王国再现，让曾经丢失的历史重新走进人们的视野，让今天的我们懂得了：历史并不遥远。

1. 阿兹特克的特奥蒂瓦坎古城

特奥蒂瓦坎，是墨西哥的一座古城，坐落在墨西哥波波卡特佩尔火山和依斯塔西瓦特尔火山山城谷底之间，距墨西哥城40千米，是印第安文明的重要遗址。六七世纪，特奥蒂瓦坎正值繁荣兴盛时期，全城有20万人口，规模可以和中国当时的长安城相比，主要建筑沿城市轴线冥街布置，布局整齐，建筑壮观。其中反映当时建筑艺术的代表杰作是至今仍保留的太阳神金字塔、月亮神金字塔、羽蛇神庙等。太阳神金字塔和月亮神金字塔都由沙石泥土垒砌而成，表面覆盖石板，再画上繁复艳丽的壁画。沿逝者大道南行，终点有一座城堡，内有神庙、住宅等建筑。这样一座都城，是什么原因毁于一旦的呢？答案始终没有找到，只能留给后人破解。

特奥蒂瓦坎城为墨西哥高原最古老的文明，始建于公元前1000年左右。那时欧洲还没有罗马，罗马应在250年后建成。

罗马城非一日建成，特奥蒂瓦坎城也是一样。考古学家现已确定了它的5个建城时期。在600年左右的繁荣时期，特奥蒂瓦坎拥有约20万人口。

特奥蒂瓦坎从一期建造开始就有完备的计划，并在以后的扩建中得到严格遵守。人们不知道那些神秘的设计建造者是谁，于是以这座城市的名字称呼他们——特奥蒂瓦坎人。正式的说法是：那些特奥蒂瓦坎的神秘设计者应是石器时代人类。

站在月亮神金字塔上，看到的不过是一条笔直的街道，所有的台阶像是让神一笔抹去了。

要问测量一条长3 000米的街道——方法是每隔几米建六级台阶一处平台，所有这些台阶和平台需在不断升高的街道尽头分毫不差地与一座巨型金字塔相融——该是多么困难，每个今天的街道测量员都会给你讲上三天三夜的。因为不能有一级台阶、一处平台和一块间隔与标准发生偏差。这真是石器时代的作品吗？

冥街尽头的月亮神金字塔是一座梯形塔式建筑，塔基为30 000平方米（150米×200米），比两个足球场还要大。此塔建在44米的高度上，有5个中心走廊，中部的宽台阶延伸至最高的平台，平台上面应该是有一座闪闪发光的金色神像。

从月亮神金字塔望去，左面是中美洲最有纪念意义的建筑物——太阳神金字塔，占地 58 830 平方米(222 米×265 米)，比月亮神金字塔高 20 米。从最高平台望去，给人的感觉是太阳、月亮两塔等高。这种错觉是街道的坡度造成的。

另外，特奥蒂瓦坎太阳神金字塔的体积要大过吉萨的胡夫金字塔，据估算，它用了 100 万吨的黏土砖和石料。两座金字塔外沿原本都抹上了硬灰浆，色彩一定是饱满而鲜明的(从残留的痕迹还可以看出)。太阳神金字塔塔顶曾有一座金银铸成的神像。西班牙占领时期，弗朗西斯派修道士于安·德·祖玛拉戈——墨西哥第一任大主教叫人熔掉了这座巨型神像。

冥街上有许多不同的金字塔遗址、平台和装饰繁复的浮雕，图案多是羽蛇，还有猴子、美洲豹和手里拿着不知是何物或是背上长着翅膀的祭司。

特奥蒂瓦坎的第三大建筑是带魁扎尔科亚特尔神神庙的城堡。城堡的边长通常为 400 米，北、南、西三边各有 4 座金字塔，如今只剩下一些残垣断壁了。魁扎尔科亚特尔神庙有石雕花纹装饰：羽蛇蜿蜒在曲状花纹中；楼梯墙壁和浮雕上狰狞的魔鬼面具死死地盯着你；神庙墙角趴着巨型羽蛇，头上发光，脸像喷火龙。古代中国也有这样的图案，诸神骑着火龙从天而降，并且也是在墙角。

今天，在刺眼的阳光下，神庙呈现出白、灰、褐三色，从前的色彩一定像彩虹般绚丽。每个神都拥有自己的颜色，浮雕不仅仅是装饰，还有着特别的宗教意义。

魁扎尔科亚特尔神庙的装饰花纹表明，在阿兹特克时期和玛雅时期之前就有这种飞翔的蛇神形象了。

在街道旁边的神庙平台和金字塔后还有一些建筑群，今天我们认为那里是住宅区。出土的 30 多间房屋构成完整的住宅区，还包括小型神庙、礼拜堂和完备的下水管道。整个城市被划为若干个手工工业区：这角是制陶作坊，那角是石雕作坊，第三角是纺织作坊。笔直的马路贯穿全城，垂直交叉。

考古学家曾在山城和山顶周围发现了一些岩石划痕，舒展的线条在特奥蒂瓦坎上空织成一张网络。有人曾于 3 月 21 日春分时从太阳金字塔塔顶向西眺望，太阳毫厘不差地在一块标有记号的石头下坠入地平线。在以西 14 千米处的塞罗奇科瑙特拉，也见到过类似的划痕记号，35 千米以外也有。其中的一座门很有名，它通向大金字塔下面，那里面有 4 间房子，人们叫它“神洞”。考古学家猜测，整个建筑就是建在神洞之上的，神洞代表地狱的入口和中美洲的中心。朝圣者、商人和殖民地开拓者络绎不绝地来此地朝拜。

从前在太阳神金字塔不远处发现了一处地窖，游人禁止入内。这是一个真正的谜，专业人士也无法解释。一层厚厚的云母层将许多房间隔开，奥妙到底在什么地方？地窖的窖顶先是一层石头，然后是15厘米厚的云母层，最后又是一层石头，很像一个大三明治——面包、火腿、面包。打开地面的铁盖，一瞬间，阳光射进洞口，强烈的光束为云母所反射。目前已发现了30米厚的云母层。

可是，特奥蒂瓦坎房顶上的云母是从哪儿来的呢？用途又是什么？一个考古学家认为，云母在阳光下熠熠生辉，因此当作太阳反射器用。

墨西哥的特奥蒂瓦坎古城是古代美洲印第安文明的一个重要遗址。这座被称为“众神之都”的古城，建筑布局经过周密规划，集精妙的科学性和浓厚的艺术性于一体，个中潜藏着无尽的谜团。

在这高度文明的发祥地，存在着一个尚未完全揭开的秘密：这样非凡的智慧从何而来，竟然可以成就如此伟大的规划？

长期以来，墨西哥政府有关部门对特奥蒂瓦坎古城遗址进行了有效而系统地挖掘、整理、开发和保护，修复了部分建筑物。从山顶上看，古城布局极其严谨，气势磅礴，规模巨大，中心突出。

特奥蒂瓦坎古城的布局不仅体现出很强的科学性，而且其许多建筑物富有浓厚的艺术气息。

从大量的考古发掘中可以看到，特奥蒂瓦坎文明的影响曾遍及整个墨西哥全境，更远及今危地马拉。金字塔的建筑式样、神庙以及宫殿中的壁画均是证明。

2. 烟云缭绕的哈拉帕古城

滔滔印度河水冲刷了多少千年古事，无人能说得清楚。浩渺的文明史又显示出人类多少创造和智慧。然而，在远古的印度历史上，曾经灿烂的文明戛然而止，曾经辉煌的技术成就悄然无声。在肥沃的印度河流域，人们掘开千年尘封的泥土，扣醒了沉睡千年的古城。

历史的迷雾吸引着考古学家的脚步。1922 年，印度考古学家来到了印度河下游的一个名叫摩亨佐·达罗的土丘。这里有一座古代佛塔的废墟，他原想在这里发掘出有关佛教的遗物，但是，出乎意料地在此发现了被尘土埋没、沉睡了几千年的古城遗址。之后，学者们在印度河上游的哈拉帕，又发现了一座与摩亨佐·达罗同时代的古城。两座古城的城址，设计复杂，文物多彩，宛如一幅幅迷人的画卷，使人们看到了作为世界文明发祥地之一的古代印度高度发展的文化。这类古城的文化常常以哈拉帕遗址命名，故称为哈拉帕文化。

哈拉帕文化的起止时间，说法不一，大约为公元前 2500～公元前 1750 年。

哈拉帕文化的中心是雄伟、庄严的哈拉帕和摩亨佐·达罗两座城市，它们是上古印度文明的见证。哈拉帕城址位于旁遮普地区拉维河（印度河的支流）的左岸，摩亨佐·达罗城址位于信德省（今巴基斯坦境内）的拉尔卡纳县，靠近印度河的右岸。两座城市大小相等，周长大约都有4.8千米，城市由位于高岗上的卫城（统治者的居住区）和较低的下城（居民区）两部分组成。两座卫城面积相似，哈拉帕卫城围绕以雄伟的砖墙，高达15米，市内占据相当大的面积，像一座坚固的堡垒；城北有一座大谷仓，还有作坊和两排劳动者的宿舍，据估计，这些宿舍可容纳数百名雇工和奴隶。摩亨佐·达罗的城市建筑规模，较哈拉帕略大，遗迹保存最好，是印度河文明的典型城市。卫城的四周有防御的塔楼，中央是一个大浴池，长10米，宽7米，深2.4米。浴池的用途，说法不一，或云为沐浴而建，或云为履行某种宗教仪式而建。在浴池的东北有一组建筑群，其中的一座大厅，面积约70米×23.8米，可能是这一地区最高统治者的居住区。在浴池的西面有一个可能是作为大谷仓的平台，南面的一组建筑，则可能为会议厅。下城是居住区，规划整齐，主街又宽又直，达10米左右，可以同时并行几辆大车；在街道上，每隔一段距离备有点灯用的路灯杆，便于行人夜间行走。房屋主要用红砖砌成，房屋大小、高低和设备很不一致，有十几间的楼房，也有简陋的茅屋，在富人区还有用烧砖砌成的完善的排水设施，这些说明当时的阶级分化已经十分明显。总之，两座城市的规模都很大，其居民数，据学者估计，各自都有35 000人左右，两城所保留下来的文化遗物，丰富多彩，在这里，既有刻着文字、图画的精美印章，还有计量重量的石头砝码、计算长度的介壳尺和青铜杆尺，也有金银珠宝、象牙装饰以及各种青铜工具、武器等。

这些令人惊叹的文物，显示出上古印度人民高度的创造才能。光辉灿烂的哈拉帕文化是举世罕见的，它表明印度河流域当时已具有高度的文明。

遥远的古城城址，辉映着灿烂的远古文明，但这高度发达的文明究竟从何时升起，耀眼的文明曙光又是如何熄灭的？没有人知道。城堡故迹依旧，雄伟的砖墙仍在，似乎一切都在显示着古老文化兴盛时的辉煌，但城址的遗迹只能让人想象往日文化的成就，却难以知道它是怎样被毁灭的，而且被毁灭得如此彻底？很长时间以来，人们注视这重见天日的远古文化的遗迹时，推测着它们被毁的可能，一种是外族入侵；另一种就是生态的变化。每一种文明被毁的假说都有其遗迹的根据，也存在着臆想的假设。

公元前 1750 年左右，印度河流域的一些城市遭到了很大的破坏，特别明显地表现在摩亨佐·达罗的毁灭。在这座城市的街巷和房屋里留下了不少像是被杀戮的男女老幼的遗骨。例如，在下城南部的一所房屋里，发现有 13 个成年男女和儿童的骨骼横躺顺卧，杂乱无序。在这些人中，有的还戴着手镯、戒指和串环等，显然是突遭杀害的；还有一个头盖骨上留有 146 毫米深的刀痕，这大概是被入侵者用剑砍杀的。在街头井旁，也发现尸骨。有些尸骨上留有刀痕，有的四肢呈痛苦的挣扎状。在下城北部的街巷中，发现有另一骨骼群，其中还有两根象牙，这可能成了象牙雕刻匠人一家遭遇不幸的原因。

摩亨佐·达罗城在经过这一次大规模的入侵后，居民东奔西跑，从此古城才开始荒凉了。与此同时，哈拉帕文化的其他地区也遭到了或轻或重的破坏。在哈拉帕卫城上层有明显的衰落迹象，特别是在这里发现有新的外来陶器类型与哈拉帕文化并存。这一切说明当时有新的入侵者占据了哈拉帕文化区域。那么，这些新的入侵者是谁呢？

入侵者可能有各类人种部落，其中有居于俾路支斯坦的诸部落；有同伊朗相近的诸部落；还有接近文明中心的周邻部落；其中也可能有一小股先行的印度-雅利安部落集团。

也有学者认为，毁灭古城的元凶应是大自然，包括印度河床的改造、地震以及由此而引起的水灾都会给古城文化带来巨大的破坏。此外，河水的泛滥，沙漠的侵害，海水的后退也都会引起生态的巨大变化。古城毁灭的原因，可能因地而异。例如，海水的后退，会对沿海的港口城市带来很大的破坏。有的学者认为《百道梵书》所记载的当洪水毁灭世界之时，只有人类的始祖摩奴——人在神鱼的启示和帮助下造船得救的洪水传说，可能就是对印度文明毁灭的一个回忆。

更令人吃惊的是，废墟的残留物中，竟有冲击波和核辐射的痕迹，难道在几千年以前就已有原子弹爆炸？

有专家推测：在公元前 1750 年，一艘外星人乘坐的核动力飞船在印度上空游弋时，可能意外地发生了某种故障而引起核爆炸，以致给地球上的居民造成重大的灾难。两种推测的主要根据是印度的古代文献。

古印度史诗《摩诃婆罗多》中曾对摩亨佐·达罗城的毁灭做过这样的描述："空中响起几声震耳欲聋的轰鸣，接着的是一道耀眼的闪电。南边天空一道火柱冲天而起，比太阳更耀眼的火把天割成两半，空气在剧烈燃烧，高温使池塘里的水沸腾起来，煮熟的鱼虾从河底翻了起来。地面上的一切东西，房子、街道、水渠和所有的生命，都被这突如其来的天火烧毁了，四周是死一般的寂静……"从描述看，显然这突如其来的天火是一场神奇的大爆炸。史诗《玛哈帕哈拉特》中也曾记载了远古发生的一次奇特大爆炸："天空中充斥着耀眼的光辉和无烟的烈火，水沸腾了，鱼儿被烧焦了，人类承受着巨大的痛苦。"

另外，考古材料也似乎证明了他们推断的正确性。古城遗址中有一块十分明显的爆炸点，约 1 平方千米半径内的所有建筑物都化为乌有，而爆炸中心较远处，人们却挖到许多人体骨架，也就是说破坏程度由近及远，逐渐减弱。此外，在爆炸区域内还发掘过一些黏土烧成的碎块，据推算燃烧的温度高达 1.4 万～1.5 万摄氏度。令人吃惊的是，古城废墟极像原子弹爆炸后的广岛和长崎，而且地面上还残留着遭受冲击波和核辐射的痕迹。这些究竟是由什么造成的呢？

残留的古迹，不能给出确切的结论，远古文明的毁灭，仍没有最后的答案。

开掘的远古城市的遗址，仿佛再现了千年文明的奇迹。远古高大的城堡，防御的塔楼，飞船似的寺庙，神奇的雕刻都向人们展示着古人创造的完美，在有史文明之前，这些建筑是怎样完成的？为什么能达到如此完美的程度？没有人能说得清楚。这又是一个难以解开的谜，总是在困扰着人们。

悠悠岁月中，哈拉帕古城遗址的发掘并不能使它的迷雾烟消云散，那突然消失的古印度文明永远在遗迹的残留物上散发着迷人的光芒，吸引着人们去探寻远古文明消失的踪迹。

哈拉帕古城乃至印度河流域文明究竟是怎样毁灭的，现今仍然是许多历史、考古和自然学家们所探寻的谜中谜。值得一提的是，一旦哈拉帕文化的印章文字被语言学家们完全释读，将会大大有助于这个谜底解开，同时，“黑暗时代”也将会重现光明！

3. 史前的山城蒂瓦纳科

考古工作者发现：在所有的史前古城遗址的考察中，都有让人不能理解的共同现象，那就是许多古城的建筑物，大多是由几十吨甚至几百吨重的巨石筑成。有些原石还得打磨抛光、砌筑得严丝合缝……在蒂瓦纳科古城的太阳门、地下神庙、亚卡帕纳金字塔以及卡拉萨萨雅广场，无处不充满了这种神奇的现象。

更令人迷惑不解的是，被称为“世界考古最伟大的发现之一”的蒂瓦纳科古城的太阳门。在这块巨型的精美石雕上面，竟雕刻着一套既繁杂又精确的古代历法，让人们不禁为它的恢宏气派和神秘气氛所震慑。

蒂瓦纳科古城位于玻利维亚境内的的喀喀湖以南约20千米处，坐落在海拔4 000米的高原之上。古城所在地的高原，看起来不像是地球上的景色，更像是来自其他的星球。但就是在这样的高原之上，曾经出现了一个高度发达的古代文明。

在南美大陆上世代生活的印第安人，自古以来就以光辉灿烂的太阳为最高崇拜。传说，太阳神曾降临在安第斯高原，在海拔4 000米的的的喀喀湖畔建造了一座雄伟的城市，这就是历史悠久的蒂瓦纳科古城。

在古印第安语中，“蒂瓦纳科”有“创世中心”之意。从远处看去，这座古城显得异常宏伟壮观，大批的宗教建筑、绘画雕刻以及高度发达的古文化云集此地，流露出慑人的气势，处处充满着神秘的氛围。

从蒂瓦纳科古城残存的遗迹可以看出，这里原来是一座坚固而庞大的城池，建筑宏伟严谨，四面的城墙都由巨大的石块砌成，宽阔的石阶通向高大的城门，每扇城门都由一整块大石凿成，里面有石梯台阶通往地下的内院。

在成年累月的风霜侵蚀下，还有西班牙殖民者的疯狂掠夺后，如今的古城已是一片空寂荒凉的景象，只有几尊伫立在破损台地上的巨大石像，还有镶嵌在神庙墙壁上的百余颗用红砂岩石雕成的人头像，千百年来向世人传递着这个历史不明的古代民族的秘密，成为不可磨灭的历史见证。

在蒂瓦纳科古城周围还散建着一座座用大块岩石雕凿而成的碑柱。这些岩石是如此的巨大、如此的笨重，却被切割得那么整齐，雕琢得那么精美，使得每一个前来参观这些巨石的人，都不得不被它们的宏伟气势和精湛工艺所震撼，从而唤起人们的惊叹与困惑，使人们不禁相信这不是人类雕琢出来的而是出自神祇之手。

那些散落在地上如同玩具一样的石头水管，其制作工艺之精巧更是令人吃惊。这些水管长 1.8 米，宽 0.5 米，拿我们如今的水泥管与之相比，今天的水泥管真可谓是粗制滥造。不知蒂瓦纳科城的建造者们究竟用了什么样的工具才制作出这些水管？

面对这一切，人们心中充满了疑问：这座古城背后到底藏着什么样的秘密？它是由谁建造的？建于何时？后来又为什么被废弃了？其实，自从 16 世纪西班牙人第一次发现这座古城遗址以来，人们对它的历史起源、建造年代、建造者等问题，就一直在讨论，但400多年过去了，还是有许多疑问，至今仍未解开。据当地的印加人称，早在100多年前他们移居到这里时，古城就已经是一片废墟了。因此，他们对于早已消失的蒂瓦纳科先民的背景也是一无所知，唯一能得到的一点启示，就是祖辈流传下来的古老传说。

现存的蒂瓦纳科古城遗址主要包括地下神庙、亚卡帕纳金字塔以及卡拉萨萨雅广场三部分。

蒂瓦纳科古城的地下神庙里面，有印第安人传说中的“维拉科查”神像，高约7英尺，背对着的的喀喀湖古时的湖岸线。位于神庙中央并代表维拉科查的方尖形石碑后面，排列着两座比较矮小的石碑，它们代表的是维拉科查传说中的门徒。地下神庙是露天的，坐落在一个长方形的大坑洞中，深达6英尺。庙堂的地板用坚硬平滑的碎石铺成，约40英尺长，30英尺宽。墙十分坚固，由许多块天衣无缝的方石组成。维拉科查雕像尽管饱受风沙侵蚀，其所呈现的面容依旧祥和恬静。这张脸庞最引人注目的特征是造型奇特、令人望而生畏的胡须。雕像的头颅两侧和耳朵上、下方，雕刻着奇异的动物图形。地下神庙里的墙壁上雕刻着数以百计用岩石雕成的人头，这些人头全都是完整的头颅，一颗颗从墙上凸出来，栩栩如生。至于它们的用途，学术界至今仍争论不休。

地下神庙的西边是亚卡帕纳金字塔，它依循东、西、南、北4个基本方位兴建，精确度令人叹为观止。凭690英尺的边长，这座金字塔完全有资格被尊为古建筑一大巨作。考古学家推测，当初兴建这座金字塔时，先用泥土堆成山丘，在表面覆盖巨大的长石，砌上阶梯，再对塔身进行打磨，有人推测整个金字塔可能曾经被当作某种神秘的“装置”或机械而使用。在金字塔内部，考古学家还发现一个渠道网，这些渠道的角度和连接点都经过仔细测量和设计。渠道的最初功能是将水从塔顶的储水池一层一层引下来，注入环绕塔身的壕沟，冲刷金字塔南边的地基。然而，这个复杂的引水系统，肯定还有某种特定的用途。有些考古学家猜测，亚卡帕纳金字塔的兴建跟祭拜雨神或河神的某种原始宗教有关，目的是对水的威力表示敬意。另一些学者认为，亚卡帕纳金字塔内部神秘的装置跟死亡有关。还有一些学者在仔细研究了亚卡帕纳金字塔内部引水系统的特征后指出，这些人工水道极可能是洗矿设备的一部分，也许是用来冲洗附近开采的矿砂。

亚卡帕纳金字塔往西是卡拉萨萨雅广场，卡拉萨萨雅广场被当地人称为“石头竖立的地方”。广场旁那座用不等边四边形巨石砌成的墙，每隔一段相等的距离就树立着一根形状如短剑、高12英尺多的石柱，尖端朝天，底部插入的的喀喀湖畔高原的红土中。以这种方式建成的石栅栏相当辽阔，面积达500平方英尺，比沉陷在地下的神庙高出地面有两倍之多。学者们认为，卡拉萨萨雅广场主要用于观测天象，测定春分、秋分、夏至、冬至的日期，精确预测一年的四季。墙中的某些装置，显然是配合天上的某些星座而设计的，以方便测量太阳出没的方位角。

然而，随着 16 世纪西班牙殖民者的入侵，珍贵的历史文物遭到肆意掠夺、破坏或毁灭，谜团丛生的蒂瓦纳科古城逐渐变成了采石场……其中的许多秘密已难以破解，或许将成为永远的谜。

在蒂瓦纳科遗址的西北角处，坐落着南美大陆最负盛名的远古文明奇迹——太阳门。它是一座用整块青灰色巨石雕琢而成的建筑，高 3.05 米，宽 3.96 米，重 10 多吨。这座石门虽然曾经遭遇过雷击，但至今依然威严耸立，被考古学家们公认为“世界最伟大的考古发现之一”。

高大宏伟的太阳门上面雕刻着极其精美的图案，被认为是世界顶级的艺术精品。其中以雕刻在石门楣上方的“日历横饰带”最为著名。横饰带中央刻着一位神话般的人物，据说是大神维拉科查，他头上戴着威严的王冠，手中握着饰以鹰头的节杖，神情十分严肃。大神的两边平行雕刻着三排较小的神像，共有 48 个，上下两排是长着翅膀的武士，中间一排则是某种半人半鸟的怪禽。“日历横饰带”的底部，雕刻着一种回纹图形，接连排列着一系列呈阶梯金字塔式的几何图形，周围还有众多至今仍没有完全破译的图案和符号。

据说，每年秋分日那天(9 月 21 日)，黎明的第一道曙光总是先从石门的中间射向大地，这也是“太阳门”名称的由来。从这一点看来，太阳门似乎是一个巨型的历法标志。很多学者认为，太阳门上雕刻的怪异图形和符号都是指代历法的。但这些符号究竟是怎样表达历法含义的呢？远古的蒂瓦纳科人又是如何测知秋分时节太阳光线与太阳门位置关系的呢？

经过考古学家的深入研究，终于在 1949 年得出了一个令人吃惊的结论：这个古老的天文历与现代的太阳历大相径庭，它规定的一年中没有 365 天，只有 290 天，它在一年的 12 个月中，有 10 个月只有 24 天，其余两个月是 25 天。

人们发现太阳门的一些图案和符号，还记载了大量的天文学知识，其记载的天象最早可追溯到 27 000 年前，不过这些知识都是建立在地球为圆形的基础上的。古印第安人是如何得知这些知识，又是如何知道地球是圆形的呢？对此，我们无从探知。

在石门上部横饰带中间凸起的部分雕刻着的一幅肖像，一般学者认为是印加人信奉的神维拉科查。他脸孔紧绷着，神情十分严峻，头上戴着冠冕犹如帝王一般威严，令人不敢逼视。而且，他手中还握着两支雷电。但他的手却只有 4 根指头，他是否是地球上的人类呢？然而他眼下却有两行眼泪，他是否在为人类的命运而悲哀？

英国学者汉卡克在对太阳门做实地考察时，意外发现门上雕刻着一些奇异的史前动物图案。这些动物体形肥胖，四肢粗短，尾巴肥肿，长着长牙利齿，好像是犀牛和河马的杂交品种，是一种现代没有的动物。古生物学家一眼便认出，图案中刻画的这种其貌不扬的动物正是一种早已灭绝的史前动物——箭齿兽。

据古生物学家的研究资料，箭齿兽是一种生活于160万年前至12 000年前的更新世的哺乳动物，身长约2.75米，高1.5米，脚宽而短，有三趾，似犀牛却低矮无角，可能是当时南美大陆上一种常见的大型有蹄类动物。但这种动物早在12 000年前就完全灭绝了，今天人们对它的了解都是通过在南美各地发现的化石得到的。但是，蒂瓦纳科人为什么要把这种早已灭绝的史前动物刻画在太阳门上呢？而且在太阳门门楣上雕刻的箭齿兽形象达46处之多，这种丑陋笨拙的动物图案甚至还频繁地出现在蒂瓦纳科古城出土的陶器碎片上，在好几种雕刻品上还能清楚地看到它们完整的、立体的身影。

其实在太阳门上刻画的动物图案不仅仅只有箭齿兽，还刻有一种伸出一对长牙、形如大象的长鼻类动物。据古生物学家介绍，在史前时代南美洲确实曾出现过一种类似大象的学名为“居维象亚科”的长鼻类动物，它活跃于安第斯山脉南端的蒂瓦纳科地区。但这种动物也早在公元前1万年左右就已经灭绝了，怎么会被反复雕刻在蒂瓦纳科古城的建筑上呢？

在蒂瓦纳科发现的古生物图案中，还包括一种已经灭绝的在白天活动的四足兽，以及一种学名为“后弓兽”，体型略大于马，足部有明显三趾的古代哺乳类动物。由此看来，太阳门不仅是一座用来观测天象和指代历法的实体标志，而且还是一本记录远古珍禽异兽的“图画书”。

因此，有学者推论，蒂瓦纳科当初的建造者们在雕刻这些史前动物图像时，显然是依据实物，而不是依据化石。如果真是这样的话，那么建造蒂瓦纳科城及太阳门的年代，绝不会晚于更新世末期至公元前1万年。这一观点，无疑与以前历史学家的普遍观点——蒂瓦纳科只有1 500余年的历史——形成了正面冲突。

与此同时，另一个矛盾也摆在了人们面前：一般认为，人类移居美洲的历史，最早可以追溯到公元前1万年左右，而到达南美洲的时间比这还要晚。这就是说，在公元前1万年以前，南美大陆上还没有人居住，那么宏伟壮观的蒂瓦纳科城和奥妙无穷的太阳门又是谁建造的呢？

以当时的生产力水平，能建起蒂瓦纳科城内的巨石建筑，确实是一个伟大奇迹。整座古城的建筑群，都由重达100～150吨的巨型岩石筑成，石块还被加工得如此精细，有些经过打磨和抛光，还有些竟然用“I”型金属栓串联在了一起，位置、形状精确到毫厘无差的程度。即使在现代，假如不用精密的仪器，没有预先精确设计出模型和数据结构，要想做到这种程度也是不可能的。而蒂瓦纳科的先民，当初究竟是怎样加工这些巨型石块的呢？据推测，这些金属栓是先把金属熔化后，再倒入事先打凿好的石头模型中做成的。

人们经过勘查发现，建造太阳门的岩石原产于的的喀喀湖上的珂帕卡班纳半岛，但这些岩石又是如何从那里搬运到蒂瓦纳科来的呢？玻利维亚的科学家曾针对这个问题，做过几个模拟实验，结果是：若用木筏在水上运输，只能搬运较小的石块；若从陆上运输，要 6 个人才能拖动一块半吨重的石头。而整个太阳门在 100 吨以上，这得动用多少人力！何况，要把如此庞大的石门竖起来，就必须借助大型起重机，但当时的印第安人连车辆都没有，又何谈大型机械！难道蒂瓦纳科古城真的不是建于 1 500 多年前，而是史前文明时代的产物？

奇怪的是，这些巨石建筑并没有最后完成，仿佛在一夜之间就被废弃了。

蒂瓦纳科在鼎盛时期，城市人口有 3 万～6 万。蒂瓦纳科人建立了一个以蒂瓦纳科为中心，西到大海、东到亚马孙湿地、南到智利中北、北到玻利维亚北部的强大国家，周围的许多部族都受其支配。但是，这么一个强大的城池，为何遭到了人们的遗弃？

在蒂瓦纳科遗址中发掘出的大量古典雕器，主要有焚香碗。碗体表面光滑，色彩生动多变，底色多为黄色、褐色或浅黄色，底色外还绘着浅灰、浅红或泥釉褐色的装饰纹，最外部绘着各种神圣的动物，有美洲狮、鹰等，此外，蒂瓦纳科人还用黑色来强调动物的轮廓线。

人们普遍认为，蒂瓦纳科人建立的王国崩溃的原因估计与蒂瓦纳科城周围环境的退化有关。随着气候的变迁，的的喀喀湖逐渐缩小，并远离蒂瓦纳科城，湖泊的渔业资源逐渐衰竭，不能满足蒂瓦纳科人的生活需求，蒂瓦纳科文化也逐渐衰亡。

也有人认为，是地震引起湖水暴涨，给古城带来了一场大灾难。地质学家对这片土地进行勘测鉴定，估计那场灾难发生在12 000年以前。之后，洪水虽然消退了，但地壳在地震中被抬高，导致的的喀喀湖水平面下降，湖面逐渐萎缩，最后湖岸远离城市，变成今天这个样子，蒂瓦纳科城便失去了港口要道的意义，也失去了它赖以维持的自然条件。同时，这一地区的气候也逐渐开始恶化，变得日益寒冷，不再适宜农作物的耕种。在这种情况下，古老的蒂瓦纳科人不得不废弃这座繁华的古城，远走他乡。

这个充满智慧、极富神秘的民族从何而来，又去了何方？这些谁都无法解释。

4.克里特岛上的米诺斯古城

克里特岛是希腊最南端的一个岛屿，它被地中海那酒绿色的海水环抱，风光绮丽，气候宜人。它静静地接受着海风的吹拂和海浪的拍击，在希腊那光辉灿烂的历史中，几乎找不到它的位置。

考古学家的研究填补了克里特岛这历史上极其光辉的一页。在公元前2300～公元前1500年间（相当于我国的夏朝），克里特王国的文化盛极一时，在最后的一两百年中，正是米诺斯王朝。当时，米诺斯称雄爱琴海，威震雅典，是联系欧、亚、非三洲先进国家的纽带。米诺斯充分利用了这一优越的地理位置，发展造船业，并建立了强大的舰队，这是世界上最早的一支海军。米诺斯所向披靡的舰队，使他的国家与埃及、叙利亚、巴比伦、小亚细亚等区域保持贸易往来，并成为他建立海上霸权进行扩张和殖民的威慑力量，爱琴海诸岛纷纷向米诺斯称臣，雅典也得向他纳贡。无疑，克里特岛是欧洲古文明的发祥地之一。

克里特岛有一段脍炙人口的悲剧故事。这个故事来自希腊的神话传说：很久以前克里特岛上米诺斯国王的一个儿子在雅典被杀害了，暴怒的国王便借此向雅典大兴问罪之师，最后强迫雅典国王埃古斯签订了一项骇人听闻的条约：每年必须向克里特进贡 7 对童男童女，作为一个牛头人身怪的食物。相传这个怪物是王后与一头公牛所生，国王为了遮丑，令人建造了一座规模庞大、结构复杂的双斧宫，让那牛头人身的怪物藏在深宫中。雅典惧怕克里特的强大，按时纳贡，使得本国民不聊生。到第三次纳贡时，王子忒修斯为安民除妖，毅然宣布充当童男去克里特。英俊年少的雅典王子受到了米诺斯王女儿的倾爱，帮助忒修斯杀死了怪物，并营救出被作为贡品的孩子们逃出克里特岛。

希腊的神话和传说举世闻名，深深地吸引了许多西方考古学家。他们认为这些优美的故事很可能是古人根据一定的历史事件，经过艺术加工而创造出来的。

1900 年，英国考古学家伊文思等，在克里特岛发掘出一座王宫的废墟。它占地约 2 公顷，房屋有几百间，均由迂回曲折的廊道连接，结构之复杂实为罕见，迷宫中还发现了双斧标志，学者们一致认为，这就是米诺斯王国的双斧宫殿。那么吃人之事是真的吗？

王宫的墙壁上有艳丽如初的壁画，仓库中储存着大量的粮食、橄榄油、酒以及战车和兵器。一间外面包了铅皮的小屋里有国王无数的宝石、黄金和印章。大量的绘制精美的陶器和做工精巧的金属器具，表现出克里特人非凡的才华。最有价值的是那数万张刻有文字的泥板，其中一块上赫然写着："雅典贡来妇女 7 人，童子及幼女各 1 名。"不禁使人想起牛头人身怪物的故事，引起人们的猜测。

出人意料的是，1980 年春，英国考古学家在雅典公布，在克里特岛上一所铜器时代的房屋里，发掘出 200 多根支离破碎的人骨，是 8～11 个年龄不足 10～15 岁的儿童，他们的尸骨上留下被宰杀的刀痕。发掘证明：古克里特岛人在米诺斯时代确有食人肉的习惯，才流传下雅典向克里特进贡童男童女的传说。

奇怪的是，在公元前 1500 年前后，克里特岛上所有的城市，突然在同一时间全部被毁坏了，不久，这个古老的海上霸国便从地球上永远地消失了。

1967 年，美国考古学家揭开了这个谜。

在克里特岛以北约 130 千米，有一座桑托林火山岛。

桑托林火山海拔仅566米，20世纪时有过3次小规模的喷发，远不能与维苏威火山相比，它的宁静使岛上居民祖祖辈辈感到安全。当美国人在岛上60多米厚的火山灰下挖出了一座古代商业城市时才令世人改变了对它的看法。

研究证明，这是人类历史上最猛烈的一次火山爆发。那是在公元前1500年前后，桑托林火山喷出的火山灰渣多达62.5平方千米，岛上的城市几乎在一瞬间就被埋在厚厚的火山灰下。直冲天际的火山灰弥漫在空中，覆盖着地中海东部地区。据记载，当时埃及的上空曾出现3天漆黑一片的情景。火山爆发引起了巨大的海啸，浪头的高度达50米，这滔天的巨浪滚滚南下，很快便来到克里特岛，摧毁了岛上的城市、村庄和沃土良田，船只被狂滔击碎，米诺斯无敌的舰队顷刻间化为乌有。

就这样，一次火山大爆发消灭了一个古老的文明社会。克里特王国被人们遗忘了，只留下了一些莫名其妙的传说。克里特岛米诺斯古城的兴亡，使它的这层神秘面纱至今仍未被完全揭开。

5.太阳之城——秘鲁昌昌古城

美洲是世界文明的发源地之一，在这块富饶的大地上有着许多神秘的人类文明遗址，秘鲁的昌昌古城是最具魅力的一个古代城堡。

昌昌古城是由美洲契穆人建造的，它始建于11世纪，完全由土砖建造而成，为世界上最大的土城遗址，是南美建筑中的杰作。

昌昌，契穆语为“太阳、太阳”。昌昌古城全城占地约36平方千米，中心地带6.5平方千米，包括10个长方形的城堡。每个城堡平均长约400米，宽约200米，四周有高9～12米的围墙，墙基厚达3米。从已知的考古挖掘看，这座古城非常壮观。其城市布局被严格地分为几个等级，反映出严谨的社会观念，当时的契穆人似乎已经有了比较精细严密的社会等级制度。城里一些主要建筑群，都是用不同的土砖所造。在另一些重要的建筑物上，饰有金箔嵌在泥土墙面上的装饰图案。城内设有非常复杂而有效的水道供应系统，用来供给城内的食用水。

城堡北面有一个狭小的入口，堡内一堵高大的城墙将其分为北、中、南三部分。北入口处为一略呈方形的大院，两侧是厨房和一些小院落，南侧有许多土坯房屋。中部近入口处也是一个小院，周围有一些小院落和可能是储藏室的小房间，另有一个巨大的陵墓。这些城堡大概是统治者及其亲随的生活区，一般居民则住在城堡之外。

这些城堡不是同一时期建造的，但其年代却前后相接。有研究者认为，因为这几座城堡正好和历代契穆君主的数目吻合，因此认为可能是这些君主各有一个城堡作为王宫，在其死后又成为他的陵墓，类似的习俗后来也流行于印加文化的库斯科。

作为世界上最大的土城之一，昌昌古城内的建筑见不到一块石头，全部用土坯垒成。土坯的形制有大有小，依不同建筑物而定，砌得天衣无缝。为了防地震的破坏，土坯常以“品”字形逐层砌造。让人惊讶的是，1970 年秘鲁大地震，后人修复的城墙倒了，残存的古城墙却安然无恙。人们发现，原来契穆人在建造这座土城时，其土坯是用黏土、贝壳、砂粒磨成细粉，混合掺水成型，以火焙烧制而成，坚韧牢固程度不亚于现代混凝土，这的确是令人惊讶的奇迹。

20 世纪 80 年代，在秘鲁昌昌古城附近的沿海地区一些新的考古发现，更使世人感受到了极大的震惊。

1987 年，人们在昌昌古城以东不远莫奇河谷接近沿海的地方，发现了一系列非常壮观的金字塔，使人们重新了解了这一地区的古代民族文化。这些金字塔由于受到严重侵蚀，从外表看几乎很难辨认出它们是人工建筑。其中最大的一座因为是在太阳峡谷中被发现的，所以被命名为太阳金字塔。有人认为，当年为建筑这座金字塔，估计用去了 1.4 亿多块砖坯。在太阳金字塔附近，还有一座略小的金字塔，人们把它叫作月亮金字塔。两座金字塔大约建于同时代，其建造很可能与葬祭有关。

令人惊讶的是，这两座金字塔的建造年代是 200～600 年间。也就是说，它们比契穆王国的年代更早。那么，这两座金字塔是什么人建造的呢？

经过长时期的考察和研究，考古学家们终于发现，这些金字塔的建造者是一个名为“莫奇”的南美古代民族。

关于莫奇人的历史，由于没有文字记载，目前人们知道的还不多，综合各种信息，知道它大概兴起于公元前200年，1～8世纪繁荣于秘鲁北部沿海地区。莫奇人曾沿着秘鲁海岸建成了一个绵延350千米长的国度，在当时也有相当高的文明。莫奇人是契穆人在文化上的先驱，因此莫奇人曾被称作原始契穆人。但在契穆人的帝国兴起之前200年，莫奇人就已经消亡了。莫奇人虽然没有流传下来文献记录，但是留下了大量遗迹，包括城堡、墓葬、器皿等，为我们了解莫奇人的历史提供了大量信息。

莫奇是一个等级鲜明的社会，由不同阶层的统治者、手工艺人和农民组成，全部受国王的统治管理。在他们的墓室里人们发现过金光灿灿的王冠、王杖、金花生、精致的项链和精美的陶器。

莫奇人虽然没有成型的文字，但以特殊的方式留下了他们的信息，就是他们的陶器。莫奇人是制造陶器的高手，莫奇人用陶器创造了他们的历史。一系列陶器组成了莫奇人丰富多彩的社会生活画面，从莫奇陵墓中出土的陶器，每一件都展示了当时人们的生活、习俗、活动以及植物、动物、建筑等。有些陶器上绘有精美的宗教和政治仪典的场面，有些是精美的实用陶器“陶制肖像”，人像的脸部特征刻画得十分细致清晰，它们可能就是莫奇人的真实写照。另一种出名的陶器就是所谓“色情”陶器，有各种细微、奇怪的性交行为，有人认为这些陶器或许有其他目的，而非生殖或色情目的。莫奇人的陶器记录着他们的历史，反映了他们的生产生活和精神世界，是人类宝贵的文化遗产。

1988 年 7 月，考古工作者在秘鲁北部拉姆巴耶克地区的锡潘高台底下发现了一座约修建于 300 年、保存完好的莫奇时代的墓室，这就是闻名遐迩的锡潘古墓。考古工作者从墓室中发掘出 6 具尸体，墓主身高 1.68 米，约 30 岁，属武士和祭司阶层。此外，还有多名殉葬者。在墓主上下和左右，有两个约 20 岁的女子，还有两个约 40 岁的男子，其中一人的身份大概是武士，另一人是主人的侍者。在主人的斜上方，还葬有一个约 20 岁的男子，他是一名卫士。令人费解的是，卫士没有双足，两个女子和两个男子中也各有一人缺一足。据推测，为了防止他们在殉葬时逃跑，所以在陪葬前将他们的脚砍掉了。

这个创造过辉煌文化的古老民族，在大约 8 世纪以后便渐趋衰落，最终湮没于荒野之中。大约 200 年后，大致在同一个地方，契穆人开始崛起。从莫奇文化到契穆文化，这里面充满了一些令人困惑的问题。譬如契穆人是不是莫奇人的后裔？这个问题没有人能够回答。刚刚发现莫奇文化时，有人认为他们就是原始契穆人。但这种看法有一个最大的问题，就是莫奇文化消亡 200 年之后，契穆文化才出现，这里有 200 年的历史断层！

是什么原因造成莫奇文化的终止呢？一种看法认为是自然灾害。持有此种观点的人认为，6 世纪以来，这里遭受了长期的干旱。后来又有过洪水、沙尘暴和地震，使这里原本肥沃的土地变得毫无生机、如同荒野。但如果是这样，为什么后来的契穆人却能在这里生活并建立强大的帝国呢？也有人认为是来自安第斯山区的部落集团，可能是瓦里人从东部入侵，最终毁灭了这个秘鲁沿海的古文化中心。但瓦里人却没有在沿海地区留下痕迹，这种说法也有些勉强。还有一种说法是在秘鲁沿海存在另一个强大的文化核心，它从南向北推进，从而湮没了莫奇文化。那么这个强大的民族是不是就是契穆人呢？如果是，他们的出现为什么要再过两百年？

昌昌古城和它的建造者契穆人引起了世界考古学家们的强烈兴趣，但是早在哥伦布1493年到达美洲时，昌昌就早已被废弃，欧洲人来到这里时，看到的只是一座被人遗弃的空城。欧洲人并没有见过昌昌的居民是怎样生活的，他们只是从印加人那里得到了一些有关这座古城的传说。

在昌昌地区，古代遗址不断被发掘，这一地区的历史也越来越清晰，但是由于缺乏确切的文献记载，很多谜团仍然没有解开。不论是莫奇人还是契穆人，他们都没有留下文字，又都在世界主流文化接触他们之前就已经销声匿迹。有关他们的具体的历史，还是一个不解之谜。

6. 匈奴大夏国盛京——统万古城

在历史进程中起过重大作用的统万古城，曾是一个在西域拥有广阔疆域、数十万子民的政治、军事、文化中心。随着匈奴民族的惨败，不得不退出历史舞台。

统万城是大夏国的最后一座城池，也是匈奴退出历史舞台走过的最后一道门，此后它消失得无影无踪。历史变魔术一般把这个草原狼般的民族变出来，纵容它横冲直撞、左砍右杀，在历史舞台上活跃了近 10 个世纪。其铁蹄踏过之地无不山河破碎，旌旗指挥之处无不横扫千军！

匈奴兴起于公元前 3 世纪（战国时期），衰落于 1 世纪（东汉初期），而真正在华夏大地消失是在 5 世纪，在此期间的任何一代王朝无一不被匈奴人搅得心神难宁，寝食不安。为了边塞安宁，也为了政权巩固，历代王朝采取了多种手段——军事打击、割地媾和、重馈安抚、和番联姻……但哪一种手段都没有使匈奴人真正地归顺。这是一个韧性十足的民族。

史上有名的西域之王赫连勃勃活跃于 5 世纪上半叶，此时匈奴的内部分化已经完成了 200 余年，匈奴分化为南匈奴和北匈奴，北匈奴在东汉帝国的军事打击下穿过西亚，蛰伏在里海和伏尔加河草原 200 多年，完成了休养生息、养精蓄锐的过程。这就是史书上记载的举世震惊的匈奴西迁。还是如前所述的由其阿提拉率领的匈奴铁骑完成了对欧洲的蹂躏，让西方人瞠目结舌、惊恐万状。几乎与此同时，南匈奴之王赫连勃勃在中国的五胡之乱中也充当着举足轻重的角色。五胡十六国在中国西域和部分中原地区打得天昏地暗，难分难解，各路诸侯纷纷称王，而城中的大王旗又先后数易其主。就在此时，同一个民族，在南北两地创造了历史：阿提拉用利爪撕碎了欧洲，赫连勃勃用马蹄踏翻了西域。

赫连勃勃原姓刘，匈奴复姓的较多，单姓也不应该有姓刘的。东汉光武帝建武二十四年(48)，有小部分匈奴人，大约 5 000 户，分裂出来归附了汉朝，他们被称为南匈奴。当时的建武帝是否赐部分匈奴头领皇姓，这有待于考证，但从勃勃的姓氏分析极有这种可能。勃勃的父亲刘卫辰乃西晋时期率领并州五都匈奴反晋建汉的刘渊的部帅刘虎之孙。刘卫辰此时已归附前秦，镇守代来城以御鲜卑拓跋部。这时的拓跋部重建的鲜卑代国日见强盛，于 405 年对刘卫辰发起了进攻，最终代来城陷落，刘卫辰被部下所杀，他的第三个儿子勃勃逃到后秦高平公没弈于处避难。勃勃的聪慧果敢深得后秦皇帝姚兴的赏识，封他为安北将军、五原公等职，与没弈于共同镇守今天宁夏固原的高平。没弈于还将自己的女儿嫁给赫连勃勃。407 年，勃勃袭杀没弈于，自称大夏天王，建号龙升。又于 10 年后，即 417 年，赫连勃勃亲率大夏军一举攻下咸阳，入据长安，至此，后秦国在历史消亡。

“赫连”是勃勃建大夏国时给自己改的姓，“赫连”为突厥语(今阿尔泰语系)，寓“继天为子，是为徽赫，实与天连”之意。攻咸阳、据长安之后，大夏的强盛已至顶峰。版图“南阳秦岭，东戍蒲津，西收秦陇，北薄于河”。赫连勃勃没有忘记民族大业，他了解自己的民族历史，匈奴民族是夏商时代由夏朝分离出的一支。所以他以“夏”为国号，“大夏”是为了区别于三代之夏、党项之夏。

当时的高平在经济、自然、军事等诸方面都适于设都。但赫连勃勃放弃了高平，而是选择了统万城所在的那片荒原。统万城地处鄂尔多斯高原南缘位置，既可利用经济、文化等各方面都较为发达的汉族统治区的有利条件，又可以统万城为根据地进攻关中的长安后秦。417年，赫连勃勃果然攻克咸阳，占据了长安。群臣又众谏定都长安，此时的赫连勃勃可谓气焰嚣张，国势鼎盛，但他的政治思想并没有因此混乱，也没有发热，保持着相当的冷静和沉稳。他力排众谏，使太子赫连璝镇守长安，他本人则拨马北还统万城。

《晋书》中记载的《统万城铭》曾有细致的描写。统万城并不很大，但从铭文可以看出，制度很健全，虽然是土城，但装饰却极其奢华。统万城有外廓城、东城和西城。王宫在西城，官廨衙署居东城，居民集市则在外廓城。东、西城周长都在2 500米左右，西城基厚约16米，东城较薄，厚也在10米左右。当时的统万城除正式宫殿永安殿外，南北均有离宫别殿，装饰华丽，壁络珠璧，灯明如昼，寒暑无殊。此外，祖庙、明堂、社稷等祭礼设施，及通房连阁、亭台楼榭、花园苑囿等一应俱全。城内格局容括了赫连勃勃强烈的霸王思想和一统天下的欲望。

“统一天下，君临万邦”是赫连勃勃建造统万城的思想基础。这不仅仅是一种自信和自傲，还是文明在这个野蛮部落的最后张扬，也是赫连勃勃对霸主的渴望和最后追求。“统万”的城门虽然在“高及城堞”的沙砾中消失了，但赫连勃勃欲征服天下的霸主野心却随城门的名字依然在浩然长风中传荡。城设四门：南曰“朝宋”，表现其联宋抗魏远交近攻的战略思想；北曰“平朔”，意为平定河套以北朔方地区；西曰“服凉”，则是雄心勃勃意欲征服河西走廊的西凉、北凉；东曰“招魏”，无疑是想招降东邻劲敌魏国。不难看出，赫连勃勃并不仅仅满足于恢复一个没落民族的偏室，而是想创建一座千古传诵、俯视天下郡邦的擎天巨厦！

统万城有着“坚可砺斧”的白墙。史籍载：这座城墙的每一寸土都是经过蒸煮，层层夯实的。据史说，建造统万城时用糯米和土并煮，墙筑后有专人以铁锥刺墙，刺入一寸杀筑墙者，若刺不入则杀刺者，凡被杀者均碾其血肉筑入墙内。造五兵之器时，射甲不透，斩制弓者；射甲而入，则斩制甲者。在建造统万城的六年时间里，有数千工匠被筑入墙内，这实在是一种前所未闻的残忍！后人谈及这段历史时往往众口一词，无不咒骂赫连勃勃的凶狠残暴。

然而，统万城并没有帮助赫连勃勃完成他的伟大构想，他只在西域大夏国做了十几年的帝王梦，425 年，赫连勃勃——这位威震西域的一代枭雄，带着没有实现的霸王梦想溘然长逝！

统万城的马面依然昂首凝视中原，但那目光竟有些空荡荡的了，能够在华夏大地代表匈奴民族的最后一个人赫连勃勃，在马背上消失了。历史舞台为匈奴拉下了沉重的帷幕。

二、密林深处的古城废墟

当人类开天辟地出现在地球之上时，就注定与大自然形成了一种相互依存的捆绑关系。历史证明了，无论什么时候，只要人类伤害和虐待大自然，迟早必然会得到自然的报复。那曾经辉煌如今久已没落的王朝，那曾经繁华今天被密林吞没的古城，就是警示人类的见证。

1.藏于密林深处的吴哥古城

9 世纪，信仰佛教的高棉人定都于吴哥。不久，一座以佛教寺庙为主要建筑的王城赫然矗立。据史料记载，9 世纪初，吴哥城开始初具轮廓。大约经过 5 个世纪的营建，吴哥城空前繁盛，沿城郭挖掘了长达 12 千米的环城沟，城的东西两侧各建一座面积达 20 平方千米的蓄水池，其规模相当于当时世界上最大的两座人工湖。从城市和蓄水池的规模估计，古代吴哥城曾经是一座十分繁华的城市，其城市居民至少有 200 万以上。城内最高大的标志性建筑，就是五塔高耸的吴哥寺。整个吴哥城，其群落之宏大，装潢之精美，石雕之众多，工艺之精湛，一直被世人认为是世上最大的古建筑物遗址和世上最大的宗教神堂，堪称世界艺术史的杰作。

吴哥城初建于9世纪后期，为高棉国都。它的城市建筑主要是根据印度古代宗教宇宙观的寓意而设计：中心为一寺庙，代表宇宙的中心须弥神山，而寺庙以一座合成梅花瓣形排列的五座中心主塔作为须弥神山的象征，以周围的建筑代表世界的实体；由寺庙出发有四条道路通向东西南北四方，代表宇宙的基本方向。此后在300余年中它不断扩建改造，至13世纪的全盛期，吴哥古城居民已逾百万。今存遗迹主要是宏伟的石构建筑和精美的石刻浮雕，包括王城、王宫、寺庙、陵基及由水库、水池、运河构成的庞大的灌溉系统。但在建筑形式和装饰风格方面，吴哥城前后有许多改变，以国王苏利耶跋摩七世(1181—1215)1200年修建吴哥王城为界，可分为早、晚两期。

早期建筑以吴哥寺最负盛名。吴哥寺又称“吴哥窟”，梵语意为“城市似的庙宇”，是印度教毗湿奴神的神庙。它位于暹粒省暹粒市吴哥王城以南约1.6千米处，是高棉国王苏利耶跋摩二世(1113—1150)所建，后来成为他的陵墓。15世纪上半叶，随着吴哥都城的废弃，吴哥寺也逐渐荒芜。19世纪中叶重新整修，成为世界文明的古迹。寺庙区呈长方形，面积为85万平方米。修有两重石砌围墙，墙外有壕沟，四周长五六千米。外墙正门朝西，门楼上耸立着三座塔。门内为一庭院，院东有一长347米的大道通向内围墙入口。大道两侧各有藏书室和池塘一处。内围墙长270米，宽340米，墙内的主殿建于三层台基之上。第一、二层台基均为长方形，第三层为正方形。台基顶部建有五座塔，中央一塔最高，达42米，其余四塔分布于四角。第三层台基周边均有石砌回廊，回廊四边中央各有一石雕门楼，各层台基间以阶磴相连。这样，台基、回廊、磴道、宝塔构成错综复杂的建筑群，规模宏大，比例匀称，设计简单庄严，细部装饰瑰丽精致。全部建筑都用砂石砌成，石块间无灰浆或其他黏合剂，全靠石块表面形状的规整以及本身的重量彼此结合在一起。同时石工可能还没掌握拱券技术（横跨较大的宽度），所以吴哥寺没有大的殿堂，石室门道狭小阴暗，艺术装饰主要集中在建筑外部，而室内很少。

吴哥窟的圆雕沉重而呆板，浮雕却极为精致且富有真实感。塔身、塔尖、门楼都饰以莲花蓓蕾形浮雕，达1万左右。回廊内壁、廊柱、石墙、基石、窗楣、栏杆之上也布满浮雕，内容主要是有关印度教大神毗湿奴的传说，取材于印度史诗《摩诃婆罗多》和《罗摩衍那》及印度教神话《乳海》，也有战争、皇家出行、烹饪、工艺、农业活动等世俗情景，装饰图案则以动植物为主题。其中围绕主殿第一层台基的回廊被称为“浮雕回廊”，长达800米，墙高2米余，壁面布满浮雕：东壁为搅乳海图，北壁为毗湿奴与天魔交战图，西壁为猴神助罗摩作战图，均描绘神话故事，南壁苏利耶跋摩二世骑象出征图则为世俗题材。这些浮雕手法娴熟，场面复杂，人物姿态生动，形象逼真，而且已采用重叠的层次来显示空间的深远，堪称世界艺术史中的杰作。吴哥窟是吴哥古迹中最精华的部分，也是柬埔寨早期建筑风格的代表。

此外，吴哥早期建筑还有宫殿建筑群、寺庙及人工水池等。其中早期建筑中最精美的一座寺庙则是位于城东北 20 千米的班迭斯雷寺。其建筑方法和风格显示出向晚期过渡的特点，以石构为主，放弃阶层式高台的做法，而将塔寺筑于平地上，疏朗有致。寺中心为三座并列的塔形神祠。围有围墙，墙开石门，石门上有精美浮雕。台阶上有兽首人身像。寺中主神湿婆神像用砂岩雕成，生动匀称，是整个高棉时代最杰出的圆雕。位于吴哥王城东南约 18 千米的罗洛建筑群，保存最完整。它原是供奉国王先祖的灵庙，现存三座，均为以砖为主的砖石结构。石门和其他构件上也有浮雕，还有石刻神像、石狮、石钟、石蛇等。庙侧有一人工开凿的蓄水池。此外，还有巴普昂寺。而吴哥城郊有三个长方形的人工蓄水湖，是当时整个柬埔寨平原农业灌溉系统的重要建筑。

吴哥的晚期建筑则主要是吴哥王城。1181 年苏利耶跋摩七世赶走揮族后，于 1200 年修成吴哥王城。王城范围较早期吴哥城缩小，巴肯寺、吴哥寺等都留在了王城之外。王城呈方形，有石墙环绕，每边长约 3 千米，高约 7 米，墙外有壕沟。除东南西北各有一门外，东边还有一个通向皇宫的“胜利门”。城门两侧有三尊巨象；门外壕沟大桥两侧各有跪坐状的石神像 27 尊。像之间以蛇身相连，构成栏杆，门洞高 7 米。城门上方筑有 3 塔，中间一塔有两面神像，分别面向城内外，两侧的塔各有一面神，分别面向城门左右两侧。由于掸族入侵动摇了高棉人对印度教神祇的信念，此时神像已变为大乘佛教的观世音自在王，每塔顶端各有一盛开的莲花。城内有4条大道，分别由4个城门通向城中心的巴云寺。皇宫位于城西北部，面积15万平方米。宫墙高7米，东边为大宫门，南北各有宫门2座。《真腊风土记》描写其建筑“梁柱甚巨，皆雕画佛形”。惜宫室俱为木质，今早已毁朽无存。今日尚可见遗迹只有皇宫前面国王听政厅的基础、阶洞雕刻的猎象图，以及厅前广场上的小石塔等。

吴哥王城的中央神庙巴云寺，由国王苏利耶跋摩一世始建，苏利耶跋摩七世末年重建。寺门向东，寺院中部有两层石砌台基，台基四周都有浮雕回廊，上层还有十字形内回廊。下层台基长160米，宽140米，高约1米；上层台基长80米，宽70米，高2.4米。台基顶部中央有一主塔，现高45米。当初塔顶可能镀金，《真腊风土记》称之为“金塔”。金塔周围排列石塔20余座。整个台基上共建塔50座左右，塔四面均刻有观世音自在王头像。内回廊的浮雕以佛教神话故事为主，外回廊的浮雕间有世俗题材，如战争图、市场图和斗鸡图等。

吴哥古城位于柬埔寨首都金边西北约240千米，洞里萨湖北岸，是柬埔寨最负盛名的历史遗产和旅游胜地。中国人周达观曾于1296年到达该城，回国后所著的《真腊风土记》对其繁华富丽做了如实的描述。1432年暹罗人入侵高棉王国后，吴哥都城被废弃，湮没于热带丛林之中。葡萄牙传教士最早发现了这个遗址。后来，法国人做过考察并写成了《环球游记》一书。此后，此地逐渐引起人们的注意。后来柬埔寨政府对其进行了多年的整理和修复。今天，吴哥这一艺术宝库终于得以重现昔日的辉煌。

1431 年，暹罗人以 7 个月的时间，攻陷吴哥城，搜刮大批战利品而去。第二年他们再度光临吴哥城，却发现这里已变成一座空旷的“无人城”，不但没有半个人影，连牲畜也不见踪影，这些人究竟去向何方？

由于有关柬埔寨中古时代的史料极其缺乏，所以吴哥古城的神秘衰落成了千古难解之谜。

有人猜测，流行瘟疫或霍乱之类的疾病，使吴哥 200 万居民迅速地在极短时间内全部死去。还有人猜测，可能是外来的敌人攻占这座城市后，将城里的所有居民赶到某一地方做奴隶去了。然而，在柬埔寨历史上，放弃吴哥是一个具有重要转折意义的事件，它标志着一度强大的吴哥王朝的瓦解。那么，是不是有别的因素呢？中国一些学者认为，这种结局与暹罗人的不断入侵有关，这使得高棉人做出了撤离吴哥的最终决定。自从暹罗人不断强大后，使高棉人蒙受深重的灾难和巨大的损失。日益衰竭的国力使高棉人无法应付暹罗人的挑战，只好采取回避的方法。也有人认为，吴哥王朝的衰弱和抵抗力的丧失，并非完全是暹罗人所造成，而是高棉王族之间内部矛盾斗争发展的后果。这时，暹罗人入侵，从而导致了吴哥王朝放弃古城之举。

2.由盛而衰的科潘古城

科潘古城，是坐落在洪都拉斯和危地马拉交界处的喀摩坦山谷丛林里代表远古人类文明高度发达的玛雅人建造的古城。在当时，这里经济繁荣，科技发达，人流如织，建筑壮观，良田万亩，土地肥沃。然而，战乱的硝烟打破了这里的宁静，人为的灾祸颠覆了王国的政权，疾病的蔓延更是殃及了每一个人。16 世纪，当西班牙人发现这座古城时，呈现在眼前的却是疮痍满目，衰败不堪，曾经的辉煌之火早在数百年前就已熄灭。玛雅古城从此被人遗忘。在 18 世纪初，有人曾在洪都拉斯的丛林里发现了一个完整的古建筑群。而 100 多年过去了，它依然静静地伫立在当地，没有人去打搅，因为人们已把它遗忘了。而现代人再次找到它时，古城早就已被密不透风的森林所湮没。

科潘古城是玛雅文化最为重要的天文学中心，就其纪念性建筑物的数量和规模而言，科潘无疑是古典时期仅次于蒂卡尔的玛雅第二大古城，也是玛雅辉煌文明的杰出代表之一。科潘的许多建筑遗迹同天文、历法等学术活动有关，是玛雅学术成就的集中体现。玛雅史学家认为，科潘是一座存在于 455～805 年的玛雅古城。

科潘古城中的建筑同玛雅文化其他古城很相似，一座座宏伟的金字塔形神庙和宫殿耸立在城市中心，镶嵌在每一个建筑物上的巨型石雕精美绝伦而又含义深邃。象形文字台阶所在的北卫城的旁边是一座建于765年的神庙，在神庙的废墟上仍然耸立着一座著名的玉米神塑像。再往北是一个边长80米的方形大广场。广场一侧中间耸立着一座金字塔，其他三侧均有一排石砌围墙。科潘古城的20座石碑和14座祭坛大部分都在这个广场上。这些建筑物都显示着这里曾有过的繁荣和辉煌。

科潘城的中心是一个占地约30英亩的主建筑群，包括大金字塔在内的最重要的建筑雄踞于土石砌成的平台之上，傲视着周围的一切。小型的金字塔、庙宇、院落及其他建筑散布于大金字塔的周围。金字塔之间建有大型广场，上面点缀着石碑，有的竟高达13英尺。中央大型广场的一端修有一个球场，球场周围则是突兀的金字塔，就像陡峭笔挺的山峰。

科潘仅是玛雅许多文明中心中的一个。考古学家把玛雅的势力范围分成了三个区域：从南到北是高地（即今天危地马拉、萨尔瓦多西部和洪都拉斯的山区地区），南部低地（即危地马拉、南墨西哥和比奈滋的丘陵和平坦低地相连接的地区），北部低地（即尤卡坦半岛）。科潘位于高地和南部低地之间。就其地形来讲，属于多山的高地，但与南部低地的玛雅城市有着最紧密的文化联系，这些城市中包括巴伦克和汰柯。

公元前1100年，在郁郁葱葱的科潘河谷里开始有人定居。玛雅文化诞生于公元前2世纪，大约在公元前250年就进入了今天学者们所说的古典玛雅时代。从那一时期起，玛雅人开始在包括科潘在内的各地修建大型城市。到了5世纪，一位名叫宝蓝色鹦鹉的国王统治了科潘(宝蓝色鹦鹉是玛雅人供奉的一种热带鸟)。他下令修建了第一座大型的庙宇。他的后代接着统治了科潘15个朝代。

科潘另一位著名的国王叫灰色美洲虎，他在7世纪统治了大约70个年头，在他的治理下，科潘的领土扩大了，大概是因为战争征服的结果，城市不断地扩大，直到人口达到了20万左右，人口的增加也带来了城郊的发展。皇亲贵戚们在中央金字塔周围修建了庙宇、广场和住宅，其余的人只得搬迁进了玉米地，在那里修建起一连串的新住宅。渐渐地，原来那些住在城边的农民被迫交出谷地上开垦出来的良田，搬迁到了周围不太肥沃的坡地上。他们改变了原来的耕种技术，用石头围造了梯田，以免大雨冲走泥土。无论怎样，生产力开始下降。

灰色美洲虎的儿子兔子十八在8世纪初统治着科潘，那里的领土扩大到了100平方英里。为了记录下历史，炫耀科潘的辉煌，兔子十八下令修建了许多石雕和石刻壁画。可惜好景不长，这位国王战败后被邻国俘获，斩首示众。他的儿子灰色贝壳为了复国，和巴伦克国的一位公主成了亲。灰色贝壳也修了一个新的神庙金字塔，其造型很有自己的特点：72级台阶，每级50英尺宽，上面刻满了1 250多幅图画，倾诉着科潘王国和其统治者的故事，这可是全美洲最长的石刻故事。不幸的是，该台阶于18世纪崩塌，现在只有几幅画还保持着原来的状态。碑文研究家们正竭尽全力地工作，想恢复这些图画的原始状态，科学家们把这项工作的难度比喻成解决世界上最大、最难的拼板游戏。

宝蓝色鹦鹉王朝的最后一位国王叫雅克斯·潘克，他于763年登基。尽管他下令修建了许多纪念碑和祭坛，把自己描绘成一个强大的君主，但依然无法挽救已走向颓势的科潘。人口过剩和庄稼歉收导致了食物的短缺，科潘人体质整体下降。科学家们分析研究了当地的骨骸，发现科潘后期人口中的90%患有营养不良或其他病症。雅克斯·潘克死于820年，科潘的辉煌到此就结束了。考古学家有证据表明在以后几个世纪中，人们继续生活在这一河谷地区，但人口持续锐减，再没有修建新的石碑和祭坛等建筑。大约在1200年，除了少数一些农民和猎户外，科潘已无人居住，热带森林开始慢慢地、极为耐心地吞噬已开垦出来的河谷地区，用树林、树叶、枝蔓和杂草覆盖掉所有的石碑和庙宇。

古老的玛雅文明分布在中美洲几千千米长的区域内，包括整个尤卡坦半岛、整个危地马拉、伯利兹和洪都拉斯，以及萨尔瓦多西部和墨西哥南部一些地区，总面积达30多万平方千米。

玛雅人创造了美洲早期最为先进的文明。迄今为止，各国考察人员在中美洲的丛林里和荒原中，发现废弃的玛雅古城遗址达170多处。其中年代最为久远的是位于现在中美洲伯利兹国的库埃洛。这处遗址始建于公元前1400年。据推测,玛雅社会在250年进入发展的盛期,极盛期人口估计达到1 400万人。他们建造了一个个发达的城市,城市中建有宏大的宫殿,有许多规模与欧洲最大的宫殿不相上下;他们建造了数量众多的金字塔,其中最大的太阳金字塔高达230英尺,堪与埃及胡夫金字塔媲美;石砌的民宅与贵族的宫殿无不刻满精美的雕饰,包括那金字塔的一块块巨大的基石;他们的城市有石板铺成的马路,路边甚至修砌着排水管道,标志着这些城市已达到相当文明的程度。尽管这些遗址如今大多都已倒塌,或被浓荫逼人的树冠和深深的荆棘掩盖着,但置身其中,似乎仍能感受到当初的繁华。

玛雅人是美洲大陆古文明中唯一发明了完整的、自成体系的书写文字的民族。大约在公元元年,玛雅人独立地创造了象形文字体系,它是由许多颇为复杂的图形符号组成的。符号共有800多种,大概有3万词汇,语言之丰富令人惊讶,同时也给文字破译工作带来了相当大的难度。这些文字一般是刻在石柱、祭台、金字塔、碑碣和陶器上,此外还被写在树皮和鹿皮纸上。但是在西班牙人征服中美洲的过程中,成千上万本写在树皮上或鹿皮纸上的玛雅手稿被视为异端,被尽数烧光了,目前只有4本幸存下来。它们成为破译玛雅文字的难得线索。

古典期玛雅文化的最高成就,是产生了成熟的天文历法、象形文字系统以及在数学中使用“0”的概念等。经过长期周密的观测天象，玛雅人制定了四种历法：第一种是以260天为一年的宗教历法（短历）；第二种为太阳历（长历），每年18个月，每月20天，外加5天（“无名月”）作为“忌日”，共365天，这就是他们日常生活的常用历法；第三种是每一金星年为584天的金星历；第四种是每年为385天零8小时的太阳历。前两种历法同时并记，经52年重复一周。这种历法复杂精密，首创于前古典期的后段，到了古典期则更为完善，其精确程度超过同时代希腊罗马所用历法。为了表示历法时刻，玛雅人在用点和画表示的20进位的数字系统中，已使用了“0”的概念，较欧洲人早800余年。同时在没有沙漏和滴漏等原始计时工具，更没有现代先进光学仪器的情况下，借助于特殊的方法，他们已较精确地预测出日食和月食的时间，掌握了月亮、金星的运行周期。

科潘古城的衰败反映了玛雅文明的整体衰退。汰柯、巴伦克和其他的南部低地城市似乎在10世纪左右就被遗弃了，只是在北部的尤卡坦，玛雅文化继续在契晨-伊特萨、犹克斯莫、图拉和玛雅潘等城市繁荣，但是也未能持续到15世纪。当西班牙人于16世纪入侵时，玛雅文明已经衰败不堪，她的鼎盛时期已经是几个世纪以前的事了。古代的玛雅人相信时间的轮回，认为世界将灭亡于2012年，然而玛雅文化的辉煌却在几个世纪前就熄灭了。

随着探险家和考古学家持续的发掘、探索，科潘古城代表的玛雅文明已经初步展现在世人面前。这是一种令人惊异的古代文明，其在建筑、天文、数学等领域的发达程度除了令人惊叹外，更让这个古老的民族头顶上笼罩着一股令人着迷的神秘感。

3. 丛林深处的蒂卡尔古城

玛雅文化是人类古代文明的一朵奇葩：玛雅古建筑之宏伟，雕塑壁画之优美，天文历法之精确，象形文字所具有的独特魅力，都显示着玛雅民族为人类社会所创造的不朽伟绩。而在危地马拉共和国西北部的佩腾地区那片热带丛林里，诞生了玛雅文明中最为古老的都市——蒂卡尔古城。玛雅文明也是在这里达到了光辉的顶点。

蒂卡尔古城，存在了上千年之后又神秘失踪了上千年，是迄今发现的年代最早、规模最大、保存最完整的玛雅古城，是玛雅国土上一颗光彩夺目的明珠。

玛雅人在城市建筑方面取得了显著的成就。在玛雅艺术中，建筑是其最重要的组成部分，也取得了相当高的成就。玛雅建筑从整体上看，有一定的共通性，比如比较注重外部的装饰；建筑通常位于高高的台基之上，讲究空间感；对内部的实用性比较忽视，很少有窗户，室内比较昏暗等。

另一方面，玛雅建筑又具有一定的地区差异，不同地区的建筑各有其独特之处。西部玛雅建筑强调建筑的空间性，通常是高耸陡峭，令人望而生畏。比如在巴伦克，有一个名为“宫殿”的建筑群，在宫殿西南部的庭院中高耸着一座长方形的塔楼，塔楼高 20 米，共有 3 层，内部是陡峭的楼梯。在蒂卡尔，峭拔的金字塔神庙和高耸的屋顶矗立于密密的丛林之中，自然景色与建筑形成鲜明的对比。在北部的尤卡坦半岛地区，玛雅的建筑艺术则达到了它的顶峰。现在尤卡坦半岛保存了最完整的玛雅城市和建筑艺术，是研究玛雅艺术的重要依据。

一般说来，在古典时期，城市是宗教中心，主要作为聚会、崇拜和供奉祭品的场所，在城市的中央，可能只有少数祭司和官吏以及他们的奴隶长期居住。

蒂卡尔古城正是这一时期玛雅城市的典型代表，它集中表现了古典时期玛雅城市的一切建筑特征。这座城市约修建于公元前 3 世纪，一直存在到 9 世纪。它占地约 17 平方千米，主要由一系列庙宇组成，其中各种建筑共 3 000 多座，石碑 200 多个，石柱 80 根。其庙宇建在斜截棱锥形的金字塔顶部平台上，有的高达 70 多米，极为壮观。建筑上有鳞状叠盖的尖顶，饰有鲜明现实内容的浮雕，城内还有无窗阴暗的房屋、球场、宫殿、蒸气浴室等设施。

蒂卡尔古城中心区域的建筑是建在高低不平的地面上的。但是，古代玛雅的建筑师们匠心独具，采用修建石阶的办法，使整个建筑群错落有致。四周有天然水库和繁茂的树木花草，从而使整个建筑群在绿树环抱之中显得分外幽雅。宽阔的林荫大道连接着庞大的建筑群。在中心地区之外，还有一些小型的建筑物，显然这里是平民或奴隶居住的区域。有的住宅带有凸形拱顶，有的屋顶上盖着草或树叶。这里还发现了一些作为家庭祭祀用的小型圣殿。根据发现的一切推测，在蒂卡尔古城里，至少有 5 万常住居民。众多居民形成的居民区像网一样将城市的中心包裹起来，而离大型纪念性建筑群越远，城市的网眼越大，人口也就越疏散。最后，整个蒂卡尔古城沿着周围互相沟通的道路逐渐消失在森林之中。

在蒂卡尔古城的中心，有一个大广场，名叫“玛雅广场”。广场的东西两边是两座面对面的神庙，这就是闻名遐迩的一号神庙和二号神庙。人们根据庙内部过梁上的雕刻主题，把它们分别叫作“大美洲豹神庙”和“蒙面人神庙”。一号神庙建于 700 年左右，高 52 米，是一座金字塔形的建筑。这座建筑非常雄伟壮观，塔顶上耸立着圣殿，圣殿顶上有屋脊瓦，神庙正前方有一条陡峭得令人炫目的台阶，整个建筑看起来神秘崇高。神庙下面 6 米深处是一座带拱顶的陵墓，它虽然早已被人盗劫过，还是发现了一大批华丽的殉葬品。其中有37件骨雕上刻有玛雅象形文字，还有在独木舟上游弋的动物神像图案。二号神庙与一号神庙遥遥相对，建成于7世纪左右，塔高46米，底部建有3个大厅，墙上全是石刻壁画，壁画中的人物栩栩如生。“大美洲豹神庙”和“蒙面人神庙”跟蒂卡尔其他圣殿一样，有木雕的过梁。但是，大部分雕梁都已毁于恶劣的气候和昆虫的侵扰，还有一些被旅游者带走送进了博物馆。许多蒂卡尔古城神庙中的精美雕梁现在仍保存在世界各地的博物馆内。

大广场北边是一个长达70米左右的平台，平台后面是北卫城，由排列成行的宫殿组成，其建筑显得豪华、壮观。广场和平台上林立着70座石碑和祭坛。玛雅人每隔20年要立一块石碑，并举行活人祭仪式，几乎每块石碑上都刻有象形文字和铭文，铭文开头注有年代。根据现有历法推算，这些石碑是在675～869年期间建起来的。石碑底下还有存放祭品的秘密贮藏室。

蒂卡尔的中央卫城占地1.5公顷，东西长216米，由6个内院组成。内院四周是宫殿，彼此由台阶和过廊相连。全部建筑物都是在4世纪中叶到9世纪末建起来的。

玛雅建筑物中最为壮观的就是那座高72米的四号神庙，约修建于8世纪中叶。当人们站在塔顶，可以极目眺望蒂卡尔古城的全貌。蒂卡尔古城还有一种被称为“双金字塔”形式的建筑。这是一种露天圣殿，共有7座这样的圣殿，圣殿还附设石碑和祭坛。至于为什么要建造这样的圣殿，至今，还是一个未解之谜。

除了雄伟壮观的建筑之外，蒂卡尔古城的雕塑艺术亦极为繁荣。佩腾地区的雕塑富有传统性和连贯性。最常见的雕塑主题是表现一位衣着华丽、佩戴首饰、插着长长的羽毛的显贵。人物的头、脚和腿是从侧面来表现的，上半身和胳膊是从正面描绘的。这种传统雕塑在玛雅艺术中是颇为多见的。

通过所发现的一切，我们可以看出，蒂卡尔古城是一座令人叹为观止的城市。那一座座梯形金字塔显得巍然肃穆，其气势之雄伟，规模之壮观，足令每一位观者赞叹不已。在造型、风格各不相同的金字塔周围，有富丽堂皇的寺庙殿堂和方正平坦的祭台，以及路迹清晰可辨的古驿道和刻有浮雕的碑柱文物。这些发现足以证明玛雅文化在各个方面的卓越成就，许多考古学家证实，蒂卡尔古城就是玛雅传说中的“百声汇合之地”。正是蒂卡尔的神秘吸引着无数人来到这里探幽访古，寻求它的历史踪迹。

然而，令人费解的是，玛雅人开始了一连串的弃城之举：830 年，科潘城浩大的工程突然停建。835 年，巴伦克城金字塔神庙的施工也停下了。889 年，蒂卡尔城正建设的寺庙群工程突然中断。909 年，玛雅人的最后一座城市，停止了已修建过半的石柱……

9～10 世纪，原本各自独立的玛雅人就像集体预感到某种灾难似的，不约而同地抛弃了他们辛苦建造起来的房舍与庙宇，离开他们世代耕作的土地，向北方荒芜的深山迁移。而那些被废弃的城市建筑则日益衰败，被热带雨林所覆盖，建筑物的台阶和窗台上都长满了野草，石块也被藤条和荆棘撑裂，以前那繁华的广场大街和热闹的胡同小巷再也看不到玛雅人的身影。

从那时候起，玛雅人共同建造的庙宇消失了，他们从祖先那里继承来的睿智也急速消失了，残留下来的玛雅人开始变得无知与颓废。后来的玛雅人虽然重新建立了新的城邦，但后古典时期的玛雅文明再也没有前古典时期那样的辉煌。现在仍然有 200 多万玛雅人居住在他们祖先曾经生活过的地方，但他们没有统一的语言，使用着 20 多种不同的方言，对祖先的历史也一无所知，玛雅文化出现了明显的断层。

一个已创造出自己文字的社会，在文明的脚步刚刚起步时却戛然而止，只给后人留下一些零碎的脚印。一座曾经极度辉煌的古城，在如日中天之际却被无情遗弃，只给后人留下一串不解之谜。这令无数人扼腕叹息，同时也感到疑惑不解。玛雅人离开了，却留下了一大片鲜活的遗迹，使它成为一个千古之谜。

玛雅人为何突然离开家乡弃城而去？是突发了灾难，还是被强大势力所迫……对此，史学家们提出了各种不同的说法与猜测。有人认为是外族侵犯，有人认为是遇到了地质灾害，也有人认为是瘟疫的大爆发，还有人认为是遇到了粮食危机、气候急剧变冷等。各家都有自己的说法，但每种说法都缺乏充分的证据。

宗教思想浓厚的玛雅人，在神权政治体制的束缚下，将这些归结到神灵身上，认为是神灵对他们不满，要降罪于玛雅人。为了改变神灵的意志，他们便大力建造神庙，频繁而又隆重地举行祭祀，以图神灵能帮助他们挺过难关。这样做的后果是，造成了更大的人力和财力的浪费，加速了自然资源的退化速度，最后陷入生态失调的困境中。

随着农业生产的萎缩，玛雅古典期高度发达的文化也开始崩溃，当城市周围可利用的土地资源都变得贫瘠不堪再也长不出粮食时，饥饿就迫使玛雅人遗弃城市，背井离乡了。

这种“生态危机论”分析得合情合理，看起来似乎是解开了玛雅人的弃城之谜。但科学家却拿不出充分的证据来证明这个观点，因此玛雅人的弃城之谜仍是一个悬疑。

这真是一个大哑谜，全世界科学家都拿不出有说服力的解释。

当然，我们不能把所有人类无法解释的现象都推到神灵甚至是外星人身上，这毕竟不是一种科学的求知态度，反而会妨碍我们对自然的探索。对于一些远古的文明景观，我们应以虔诚的敬畏之心、谨慎的科学态度去探索它，也许我们现在还没有能力、没有条件来给所有未解开的谜团做出一个合理的解释，但相信随着科学的发展，现在的疑问不久以后将不再是难解之谜。

神奇的玛雅文明是以一夜之间在南美大陆广修金字塔为开端的。这就好比一场戏，没有过门和序曲，一拉开幕玛雅人就登场上演了一出壮观的历史剧。他们未给历史留下任何解释的大迁移，就好像匆匆落下的帷幕，使这场波澜壮阔的历史剧到此戛然而止。热带林莽的野藤和苔藓，悄悄掩盖起玛雅人的足迹，只有那残塌的古城废墟向游人眨着疑问的眼睛……

4. 玫瑰红城市——佩特拉古城

在约旦安曼南 250 千米处，曾经有一座玫瑰红色的石头城佩特拉。

佩特拉古城的整座城都是从岩石中雕琢出来的。这里的岩石颜色很多，淡蓝色、绿色、淡黄色、紫色、橘红色、深红色、深棕色、白色都有。各种不同颜色岩石的扭曲岩层形成了岩石表面的螺旋形和波浪形的颜色曲线，佩特拉因其色彩而有一个动听的名字——“玫瑰红城市”。

佩特拉与世隔绝，只有一条峡谷和外界相通。峡谷是山间的一条裂隙，宽 2 米，长 1.5 千米，路面覆盖着卵石，两旁峭壁耸立，直上 90 多米。站在谷底，抬头仰望，只能见到一线蓝天。过了峡谷，视野豁然开朗，方圆几十千米的石头城尽收眼底。群山嵯峨，奇峰兀立，半山腰的石窟洞穴千姿百态，争奇斗艳。石头城的建筑物全都是依傍山势雕琢而成的，这一奇景是大自然的“雕刻师”和能工巧匠共同创造的成果。

古城佩特拉是阿拉伯游牧民族纳巴泰人建造的，纳巴泰人约在公元前6世纪从阿拉伯半岛北移进入该地区。在他们建造的众多安居地中，尤以佩特拉最为突出。首先是这里易守难攻，唯一入口是狭窄的山峡，敌方无法调集大军攻城，可以说是一夫当关，万夫莫开；再有是这里资源丰富，环抱城市的高地平原上森林繁茂，木材丰富，牧草肥沃，利于游牧；最重要的是这里水源充足，一股终年不断的喷泉提供了可靠的水源。

公元前4世纪，纳巴泰人又充分利用了该地的另外一个地理特点，大获其利。佩特拉位于亚洲和阿拉伯去欧洲的主要商道附近，来自世界各地的商人们押运着满载货物的骆驼队经过佩特拉门前——阿拉伯的香料、经波斯湾输入的印度香料、埃及的黄金以及中国的丝绸都要途经佩特拉，运往大马士革、泰尔以及加沙等地的市场。

公元前3世纪，佩特拉成了纳巴泰人的首都，在岩石中开凿墓地成了一种风俗。这种习惯可能起源于早期居住在那儿的当地人，后来又由纳巴泰人继承和吸收了。当时，人们把已故的国王们视为神灵，把他们的陵墓视为神庙。

古城中有纳巴泰人建造的完美的蓄水设施。这一设施包括一个岩石中开凿出来的大蓄水池和一条水渠；水池用来收集泉水和雨水，并通过水渠把水送给城中心的一个较小的水池，纳巴泰人还从喷泉处直接安装了许多陶管，把水引向城市各地；佩特拉沦为罗马的一个省后，精于建造水渠的罗马人又改进了纳巴泰的供水设施。

纳巴泰人不仅搞贸易，还制造并且出口精美的陶器。他们的泥器皿细薄精致，装饰着树枝树叶之类的自然图案。作为文化财富中心的佩特拉，吸引了来自纳巴泰王国各地的学者和艺术家们。

在古城的全盛时期，佩特拉居民多达3万，城市规模远比早期欧洲人估计的大得多。

佩特拉最负盛名的建筑哈兹纳宫位于古城的核心广场的正面。宫室雕琢在陡峭而坚固的岩石上，共上下两层，高50米，宽30米。底层由6根直径2米的大圆柱支撑着前殿，构成堂皇的柱廊。顶层6根圆形石柱附壁雕成，柱与柱间是神龛，供奉着圣母、带翅武士等神像。这些神像比真人还要大，栩栩如生，威严肃穆，颇具神韵。左右殿堂上是造型独特、左右对称、线条粗犷的壁画。然而真正使哈兹纳宫声名远扬的还是其独特的色彩，由于整座建筑雕琢在砂石壁里，阳光一照，粉色、红色、橘色以及深红色几种颜色层次生动分明，衬着黄、白、紫三色条纹，砂石壁闪闪烁烁，神奇无比。在约旦人眼里，这是一座法老的宝库，顶端的瓮是藏财宝的地方。他们幻想着有朝一日大喊一声“阿里巴巴，芝麻开门”，紧闭的财富大门忽地就在他们面前打开了。

南面半山腰的欧翁宫像是王室殿宇。令人惊叹不已的是，半山岩石被掏空了，几百平方米的大殿不见一根柱子，巧夺天工。欧翁宫的两侧是密如蜂巢的石窟群，石窟内有寺院、住宅、浴室、墓窟。悬崖顶部的洞室富于诗意，白云缭绕，到了那里，恍若置身仙境。

欧翁宫的斜对面是一座罗马式露天大剧场。看台依托山坡呈扇形散开。舞台用巨石铺砌而成，由几十层阶梯石座环护着。更神奇的是，在音响系统尚未发明的久远年代，这座大剧场居然有天然的音响效果！只要站在舞台前的中心点击掌、说话，便能形成强烈的回音，而且声音可以清晰地扩散，即使坐在最后一排也能听得一清二楚。剧场内每隔 10 层阶梯就筑有一个通道，整个剧场可容纳 6 000 名观众。

在哈兹纳宫开阔的四周是其他的陵墓及大厅，数量不及在岩石上开凿的人工岩洞多。右边的小路在崖壁中间较宽的地方延伸，崖壁上点缀着较小的墓窟，看上去像是岩石上的黑洞。平地上原来有许多民居，但因千年风霜侵蚀，早已荡然无存。遍地岩景自然天成，配以玫瑰红、赭红、海蓝的斑斓色彩，像怪兽伏地的巨岩，又像巨笔插天的石笋，到处闪烁着夺目的红，人们把佩特拉叫作“玫瑰红城市”，一点也不夸张。

当时的佩特拉可算是个文化交流中心，延续了几百年一直到 2 世纪末才转移到幼发拉底河。

导致佩特拉城衰亡的原因可能是天灾。363 年，一场地震重击了佩特拉城，震后，许多建筑沦为废墟，人们嫌麻烦，不愿打扫清理碎石，宁愿在震倒的建筑前重建房屋，这是城市财富与秩序开始衰退的迹象。551 年，佩特拉城再次遭受严重地震，那次地震震塌了神庙和王宫；随后整个城市又受到震后蔓延全城的大火袭击，许多建筑和珍宝都在火灾中被毁坏了。

636 年，古城终被废弃。从此，佩特拉由生机勃勃的贸易中心变成一座死城，12 世纪以后更是如同从人间蒸发掉一样销声匿迹了。

科学家们认为环境恶化是导致佩特拉衰亡的因素之一：在早期的纳巴泰人时代，橡树林遍布佩特拉四周的山地；然而到了罗马时代，大量的森林消失了。人们为了建房和获取燃料砍伐了大量的木材，致使林区衰变成为灌木林草坡带；到了 900 年，这种衰退进一步恶化，过分地放牧羊群使灌木林和草地也消失了，这个地区逐渐沦为沙漠。当周围的环境再也无法为古城居住的庞大的人口提供足够的食物和燃料时，城市就彻底消亡了。佩特拉如同一本仅被读过几页的书，在发现拜占庭教堂之后不久，人们又留意到了一根拔地而起的花岗岩石柱。约旦国境内没有花岗石，肯定来自埃及。看着那根花岗岩石柱，人们常常在想，地下面究竟埋藏着什么。是一座皇宫？还是一座教堂？无论走到佩特拉城的何处，都会面对这样一些难解的谜团。

5. 玛雅人建造米拉多古城

1978 年，在中美洲的佩腾密林中，美国天主教大学的考古队在距离危地马拉城约 360 千米的地方，发现了建于公元前 200 年前的米拉多古城遗址。城址面积大约有 16 平方千米，人口约 1 万人，是 2 000 余年前美洲大陆的第一大城市。在城市西部一块 1 000 米×800 米的地段内，发现两座大金字塔。

其中一座以当地最厉害的动物——美洲虎命名，叫虎塔，大约占地 58 万平方米，仅塔基就有 18 万平方米，有两三个足球场那么大。全塔共有 18 层，高达 55 米，在 12 层顶上竖立着 3 个小金字塔，其中心的塔高达 18 米。另一座在虎塔北边，以美洲的猴命名，称猴塔，高 40 米，面积大约 17 万平方米。

这两座塔均属于玛雅人的最大建筑，两座塔都是在公元前 200 年左右建造的，所用的建筑材料都超过 25 万立方米。

在虎塔南侧的另一座金字塔底部曾发现几个半人半虎的浮雕：正面塑成人面，一对闪亮的眼睛，高突的鼻子，但镶的是虎牙，侧面则塑成虎爪。整个浮雕高 2 米多，至今保存完好。浮雕背景涂上奶油色，某些部分涂成黑色，但虎爪和虎牙则绘成红色。浮雕呈长方形，把人脸极大地夸张，很像我国商周时期的“饕餮纹”，极其威严神圣，象征神权，发掘者以为这也是属于原始的象形文字。另外，红黑相配是古典时期玛雅艺术的一个常见的特点，最初出现于前古晚期。

虎塔以东2千米有米拉多遗址中最大的建筑群，实际上这也许是玛雅历史上的最大建筑群。这个建筑群叫“鹿塔”，它由两层300多米宽的台地组成，好像两个庞大的台阶，在其上面耸立着一座10层楼高的两层金塔，高达45米。虎塔和鹿塔遥遥相对。虎塔在东南边迎日出，鹿塔在西边送日落，这是玛雅人对太阳及其运行周期的崇拜。玛雅人把自己看作“太阳的保卫者”，往往在日出和日落之际举行礼拜仪式。

不仅如此，这两座金字塔还跟玛雅人的天文学观察有关。在一定年份春分时节前后，从虎塔顶上观察，木星、火星、水星和土星仿佛是从鹿塔顶部升起。在虎塔和鹿塔之间，是米拉多城最大的中心广场，广场上有一座高台，这里是米拉多城的集会中心。

当时的最高祭司，在这座高台之上，在螺号和鼓声中举行继承人诞生仪式。他举着用纺织物包裹着的婴儿向大众宣布：“一个新世界主人诞生了。”而当新王长大以后，又将要在群众面前切指放血，举行宣誓仪式，流出的血象征着人民和神的沟通。

从现今航空勘测的资料可知，在当时有20条进入米拉多的通道。在米拉多城西南21千米处是达丁塔尔城址，东南12千米处是那克别城。从种种迹象看，当时此地已存在一个大的贸易网络。

在米拉多城发现的海螺和珊瑚，是来自太平洋、加勒比海和墨西哥湾；火山灰是来自300千米以外的危地马拉高地；花岗岩和大理石是来自最近的伯利兹；红色的养料也可能来自高地。

米拉多城址的发现给人们带来了许多费解的疑问。

玛雅人在建筑当时第一大城市的时候，为什么会挑上米拉多这个地方？这是令人奇怪的。这里既没有湖、河，也不靠海，仅有的只是建筑用的石灰石以及做燃料用的木材，此外，再也不出产东西了。今天此地已被密林所覆盖，周围60千米内无人居住，除了偶尔有树胶采集者出现外，罕为人至。

发掘者几经研究推测，认为之所以在此建城，主要是因为这里是通往尤卡坦半岛的交通要道，可以控制整个地区的贸易，从战略地位上讲十分重要。

另外，更加令大多数玛雅学者迷惑不解的是，现在传统的观点认为玛雅国家产生于3世纪，但在玛雅国家产生前的500年就出现了这样大规模的城市和如此庞大的金字塔工程，这又是在什么样的社会发展水平上出现的呢？它向人们提出这样一个问题：是否玛雅国家出现的年代要比传统的看法提前呢？

总之，这座2 100年前美洲大陆的第一大城市——米拉多古城，给我们留下了许多至今尚待解决的难题。

三、黄沙吞没的王都城垣

滚滚红尘，淹没了多少人间的悲与喜。漫漫黄沙，吞噬了多少王朝的荣与衰。岁月无情，历史无痕。不经意间早已沧海桑田，物是人非。当考古学家拂去厚重的历史尘埃，让久已消失的都城重现于世时，我们无不为古人的睿智震惊，无不为历史的兴衰沉思。

1.沙漠深处的尼雅古城

在中国新疆塔克拉玛干沙漠的深处，人们会在广袤的沙海中遥遥地望到一座平地而起的佛塔。继而又会发现，在这片素有“死亡之海”别称的沙漠之中，竟有一片古代城邑的故址。

从古城废墟的遗址中，人们发现了当年的阡陌纵横，房屋鳞次栉比，到处颓垣断壁，成堆的陶片、木制品，还有成群的古墓和不腐的干尸以及藏匿在沙土中的小铁刀、铜指环、项珠、木梳、纺轮……

对此人们不免要问：在这片毫无生命迹象的沙海中，难道古人在这里建有一座古城？那么这座神秘的古城又是什么时候消失？为什么消失了呢？

尼雅古城是汉代时西域精绝国的国都。“尼雅”是路途遥远、人迹罕至的意思。距今 2 000 多年前，居住在尼雅古城的人们曾经创造了一个相当文明的古都。这里林木丛生，河水涓涓，牛羊遍野，阡陌纵横，房屋鳞次栉比，一派繁荣的景象。然而这个在历史上曾喧闹一时的古国,后来却神秘地从这块土地上消失了。现在这里完全是另外一番景象:河流干涸,林木枯死,不见绿色,天上无飞鸟,地上无走兽,就连苍蝇、蚊子也见不到,完全是一个没有生命的世界。

在2 000多年前甚至更久,尼雅的古代居民,曾创造了相当高的古代文明。通过实地考察,人们惊奇地发现,尼雅遗址保存得相当完好。由于气候干旱、无雨,古代的遗迹、遗物绝大部分依然存在。特殊的自然条件,造就了一座露天的博物馆。这是一处巨大的、神秘的文化宝藏,显示了尼雅古代文化的各个方面。品类之全,数量之多,使人难以置信。

在干涸的尼雅河边,有大片干死的胡杨林、红柳丛。它们在狂风下瑟瑟发抖,好像在述说着它们的不幸遭遇。

在果园里,沙枣树、梨树、桑树、葡萄枝被大风连根拔起,纵横交错地扑倒在沙滩上,谁见此景都会备感凄凉。

在沙丘上,古代民居的房架比比皆是,使人目不暇接,到处都是颓垣断壁,使人难以进出,仿佛是一场强烈地震刚刚结束的重灾区。

在废墟中,只要拨开流沙,就可以看到各种各样的生活器物:成堆的陶片、木盆、木碗、木杯、木勺、木筷。

在民居旁,可以看到用红柳篱笆围成的羊圈、牛圈、骆驼圈依然如故,成堆的粪球告诉你,这里曾栖息过许多牲畜。

在房屋前，可以看到由两行杨柳组成的林荫路，杨柳虽已倾倒，但是格局依旧。

在古河边，可以看到古代的水渠、蓄水池和独具特点的独木桥。

在黄沙冈上，古代的墓葬成群。清除流沙，便可以发现这里特有的独木棺，不腐的干尸，毛发俱在，衣服完好如故。

在一场大风过后，可以在沙地上拾到小铁刀、铜指环、项珠、木梳、纺轮、五铢钱、毛布和地毡的残片。

最幸运的是在流沙掩埋的房间中找到封泥尚在的汉代简牍。

尼雅遗址的中心，则是一座高大的佛塔，它巍然屹立，为进入尼雅遗址的人指点迷津。尼雅古城中心的佛塔属于实心塔，没有塔室，具有早期佛塔的特点。塔的下部有三级方形基础，塔身亦是方柱形。一、二级塔基清楚可见，第三级塔基的轮廓，与塔身相差无几，经过长期的风蚀破坏，与塔身几乎看不出有什么区别。佛塔的建筑，通常都是先砌塔基，后砌塔身，以保证塔身的稳定、牢固。然而尼雅佛塔的砌筑，却留给人们一个建筑奇迹：先砌塔身，后砌塔基，采用贴坯的办法加固塔身。采用这样的砌筑方法，既可以省工，加快施工进度，又可以加强佛塔的整体性和坚固性。这大概是佛塔在上千年烈风吹袭下至今仍巍然屹立的重要原因之一吧。

然而现在的尼雅，已沦为没有生命的死亡废墟。尼雅古城从兴盛到衰亡的巨大变化，给人们提出了许多疑问。在“死亡之海”中，为什么会出现古代的精绝王国？尼雅是怎样退出历史舞台的？古代的尼雅人过着什么样的生活？他们为什么离开了这里？他们去往何方？尼雅的生命是怎样断绝的？古代的尼雅人与现代的维吾尔人有无关系？这些谜团困扰着人们，所以，自 20 世纪初以来，许多中外的科学家到尼雅来探险，他们的目的都是弄清尼雅之谜。

有一种看法认为尼雅文明的衰落，是由于民族间的争斗和战争所引起的。在尼雅出土的文书中，屡见苏毗人威胁的记载。有人据此提出，尼雅人是受到苏毗人的威胁而逃往其他的地方。这种说法有些不合情理，当时的尼雅是在于阗国的管辖之下，于阗国怎么能坐视不救？于阗国在尼雅设有州县，怎么能允许尼雅人全体逃亡？再说尼雅人世代居住于此，又怎么能轻易地放弃自己的家园？许多历史事实都表明，在一个民族遭到侵略的时候，为了保卫自己的家园，势必要同敌人进行殊死的战斗。然而在尼雅遗址中，有那么多的房舍，却都没有见到战火的痕迹，说明这里没有发生过大规模的战争。于阗国统治尼雅，也是武力威胁的结果，但是，尼雅人却没有逃亡。为什么苏毗人的威胁却可以使他们逃亡呢？这恐怕很难说出道理来。

再退一步说，如果说尼雅的地理环境没有发生恶化的话，即使是尼雅人离开了这里，又会有别的民族到这里居住。这样的例子很多,如西辽河流域原是鲜卑人所居。鲜卑人走后,契丹人来居住;契丹人走后,女真人来居住;女真人走后,蒙古人来居住。这里始终没有中断过人类活动。然而尼雅人走后,这里却没有发现再有别的民族来居住。这就说明了一个很清楚的道理,尼雅河下游严重缺水、少水,人类已经再也无法在这里生活了。

古代尼雅人以农业耕种为生,当时的农业耕种完全是一种水浇地。没有尼雅河水的灌溉,耕种就无法进行。现在的尼雅遗址范围内,河流全部都处于干涸状态,见不到一滴水。河流干涸了,森林枯萎了,鸟兽都见不到了。在这种情况下,人类自然无法生存,要离开这里。因此,尼雅河下游河水的消失、干涸是引起尼雅文明衰落的基本原因。

尼雅河同和田河、克里雅河、牙通古孜河、安迪尔河一样,都是发源于南部的昆仑山,由高山冰雪融化所形成。在民丰、于田、策勒、和田之间的 315 国道上旅行,可以清楚地看见昆仑山上白皑皑的冰雪,它就是这些河流的水源。冰雪融化的多少,直接决定了河流的水量。冰雪融化得多,河水就充足,流程也就越长;冰雪融化得少,河水就贫乏,流程也就随之变短。

从春秋到西汉,温暖的气候持续了 800 多年。在此期间,冰山积雪自然要大量融化。于是,发源于昆仑山的各河流呈现河水充足的局面,尼雅河自然也不例外。这是西汉时期尼雅经济昌盛、汉军大肆屯田耕种的重要条件。自东汉气候转冷，但是这种变化要有一段过程，并不是短期内即下降到低谷。由于气候转冷，冰山积雪的融量减少，尼雅河水逐渐萎缩，农业灌溉用水出现了短缺，这在尼雅出土的文书中是有所记载的。由于水源的不足，官府采取了管水、节水的措施。征收水费，就是管水、节水的一种表现。尼雅出土的文书，主要是东汉至魏晋时期的遗物，所记载的缺水，就是这个时期的情况。自此以后，尼雅河水的退缩不断加剧，最后退缩到现在的大麻扎附近。

如果说尼雅的废弃与人类有关的话，那么可以说是尼雅人的活动破坏了这里的地理环境，引起沙漠化的结果。因此，我们可以说尼雅人的活动，对于尼雅河的退缩产生了一定的影响。

尼雅文明衰落了，尼雅人离开了尼雅，但是尼雅人不会消失，而是迁移到其他地方居住生活。尼雅人是什么时候离开尼雅的？尼雅人离开尼雅以后，迁移到什么地方去了？现在的尼雅人是什么人？尼雅人与现在的维吾尔人有无关系？这些重要的问题，由于资料的不足和研究水平所限，目前还很难做出确切的回答。

2. 大漠深处的楼兰古城

楼兰，最早见于我国西汉史籍。

司马迁在《史记》中写道："楼兰、姑师邑有城郭，临盐泽。"还说它："出玉，多葭苇、柽柳、胡杨、白草，民随畜牧，逐水草，有驴马，多橐驼。”其实，司马迁没去过楼兰，他是根据他同时代的大使节张骞的报告写的。张骞一生 3 次出使西域，历尽千辛万苦，熟悉西域各国的情况。

可见 2 000 多年前的楼兰古城由于地处丝绸之路要道，加上水土肥美，曾经极盛一时。

当时的匈奴是汉朝西北最大的敌人。为争夺西域疆土，楼兰首当其冲。汉朝同匈奴进行了长达七八十年的战争，这种争夺曾一度白热化。直到公元前 77 年，大将霍光派傅介子刺杀了楼兰国王，另立其弟为王，迁都伊循城。楼兰国改名为鄯善国。此后，楼兰古城一直都是汉王朝的西域重镇。东汉，班超曾活动于此。三国，鄯善属魏。西晋，封鄯善王为归义侯。5 世纪，名僧宋云曾赴鄯善，城中住着吐谷浑的宁西将军。

楼兰城占地约 10 万平方米，在孔雀河下游。城正中是行政官署，官署是土坯砌成，有粗而高的门柱，有涂着朱漆的雕梁画栋，这里是古城的权力中心，也是古城最豪华的处所。

城南是居民区，大约14 000人，残存的房屋显示出这里有中国宅院式建筑，分正房和厢房，屋后还有果园。

城东有一座高大的佛塔，5里外有一座佛寺，可以窥见当年这里的宗教情况。城东北还有残存的土堆，这就是汉代的驿站遗址。

城西北和西南有茂密的胡杨林。

城中街道纵横分明，还有一条河由西北向东南穿城而过。城周围有集中的墓地，可窥见当时这里的风土人情。

大量的文物再现了楼兰昔日的辉煌。城里发掘了大量文书及木简；既有汉代的五铢钱，也有贵霜帝国的铜币；既有汉代的丝织品、绢网，也有波斯的壁画，甚至希腊、罗马及以雅典娜为图案的工艺品；还有各国的陶器和漆器。

这一切都显示了楼兰在中西方交通、交流及商贸上无与伦比的重要地位。

古丝绸之路西出长安，经著名的敦煌，再西行至楼兰。楼兰古城的确是中国对外交流的枢纽和前哨。它在当时，是一座颇具规模的国际性中转城市。中国客商到这里，便可选择不同的道路前往世界各地，而世界各地的人员从四面八方汇集于此，再前往长安。

不同风格的华丽建筑比比皆是，街上人流熙熙攘攘，不同国家的语言此起彼伏，一拨一拨的驼队来来去去，商人们携带着大量钱币和货物寻找着没有客满的旅馆，中国的士兵们许是在酒吧恣情纵意，因为这一派和平热闹的景象似乎显示他们的多余……

然而，这一切都去得那么仓促，它似乎在极其短暂的时间内消失得无影无踪，那么是什么原因使这个繁华的古城陡然之间变成一座空城，随即被掩埋在厚厚的黄沙之下呢？

后来，古楼兰国消失了，它再也没进入任何文献记载。到了唐代，疆域空前辽阔，唐代大军到达西域时曾经寻找过楼兰，可是没有找到，它从此消失了，只存在于边塞诗人们的想象之中。

经过历史学家和文物学家长期不懈的努力，楼兰古国神秘的面纱被撩开了。

从文献资料上看，秦末汉初，楼兰是一个约有 1.4 万人口，其中 2 900 名士兵的国家，匈奴族冒顿单于占领了包括楼兰在内的西域诸国，楼兰成为匈奴控制下的一个属国。张骞通西域后，西汉政府派往西域的使者往来不绝，使者经过楼兰国时，楼兰国统治者勾结匈奴劫杀西汉的使者，并对往来的商贾、牧民等造成极大的威胁。汉武帝元封三年(公元前 108 年)，西汉政府派将军赵破奴率领军队进攻楼兰，楼兰兵败降汉。汉武帝设汉亭障并列至玉门(今甘肃敦煌西北小方盘城)，以加强对楼兰的控制。西汉著名史学家司马迁在《史记》一书中记述："楼兰、姑师邑有城郭，临盐泽。"盐泽是当时对罗布泊的称呼。司马迁这段记述的意思是说：在罗布泊周围有楼兰、姑师两个国家，国邑都建有城郭。汉朝政府在楼兰国的旧都一带设都护，置军侯，开井渠，屯田积粮，使楼兰国的旧都成为一个军事、经济、交通的重要城邑，成为古代“丝绸之路”南道上的一个重镇。西汉末年，政治腐败，难顾丝路要塞，加之匈奴势力复起，致使楼兰国又投向匈奴。直至东汉明帝永平十六年(73 年)，班超率吏士 36 人出使楼兰国，并乘夜袭击北匈奴使者营地，斩杀其使者，击溃其使者团，才促使楼兰王决心归汉。此后相当长时期内，楼兰仍是东汉控制的一个重镇。对楼兰的管辖一直延续至魏晋时期，但以后便逐渐荒废了。

楼兰古城当时基本上呈正方形，东面长约 333.5 米，西面和北面各长约 327 米，南面长约 329 米，总面积约 108 240 平方米，颇具规模。

楼兰古城出土的汉文木简和文书的纪年多数集中在 270 年前后，这些文书主要是当地行政机构和驻军的各项公文及公私往来信件，内容比较丰富，从中可以看出楼兰城的驻军概况和各屯区农业生产、水利与生活的一些情况，可以了解到楼兰城内生活的有关情形，如城内设有仓库、客馆和医院，有制造铁工具和兵器的手工业，有以谷物丝帛作价的商业活动。此外，文书还记录了一些有关城内居民与户口、法律等方面的情况。

楼兰的经济文化是独具特色的。楼兰汉简记载了与屯田有关的仓库名称以及当时从内地迁到楼兰地区的军垦人员携带家眷等情况，反映了楼兰地区屯垦的组织及规模。木简记载清楚地说明当时楼兰是一个重要的农垦中心，普遍使用牛耕，广泛引水灌田。考古人员在楼兰城内发现的埋藏深达70厘米的糜子堆积层，进一步证实了木简的记载。在意识形态上，在当时的楼兰佛教盛行。据有关文献记述，“国王奉佛”“可有四千余佛僧”，楼兰古城出土的佛塔从实物方面也证实了这一说法。

楼兰还是一个手工业技艺发达的古城，在废墟中发现的建筑材料上，雕刻着造型奇特的花纹，出土的大批丝、毛、棉、麻织物图案，色泽鲜艳，形态生动，栩栩如生；至于各种金银宝石首饰，更是镶嵌精细、造型美观，显示了古代工匠的杰出才华和卓越的创造力。

楼兰艺术上也带有东西交流的特点。西域是音乐和舞蹈的王国，在考古发现的壁画图像上有明确的反映。所见乐器有琵琶、竖箜篌、筚篥、排箫、铜角等，舞蹈的场面更为常见了。绘画和雕刻艺术也都非常精美，如各种木雕、石雕及金属雕刻均不乏巧工之作。

楼兰考古最为精彩的一点恰恰是其具有多元民族、多元文化相结合的特点。宗教信仰和物质习俗也均表现出这种特点。如1997年新疆文物考古所在尉犁县营盘古城附近发掘的一座汉晋墓地，出土文物包括汉晋的绢、绮、缣、丝绣、织金锦、汉代铁镜等中原风格的东西，以及中亚风格的麻织面具、黄金冠饰、金耳环和金戒指等，还有来自波斯安息王朝的玻璃器皿和古希腊罗马风格的毛纺织物，等等。可谓收尽了当时天下的宝物。

这种多元文化的格局正是古楼兰文明赖以生存和发展的基础。从地域位置看，它处于各主要文明的边缘，似乎是一个“文化边缘地带”，而实际上却是各民族文化交流与展现的舞台。

4世纪最初的20年，当中原大地一片厮杀之时，今天甘肃和塔里木盆地南缘，在凉州刺史张氏家族的经营下一派和平、繁荣的景象。然而令人感到奇怪的是，在楼兰古城的最后一任西域长史——李柏离任后，楼兰城数百年来所拥有的繁华和喧嚣都蒸发了，仿佛一夜之间，它的名字从史书上彻底消失了。以至唐高僧玄奘于7世纪中叶路过楼兰故地时，见到的竟是“国久空旷，城皆荒芜”“城郭巍然，人烟断绝”的萧条景象。

楼兰古城的消失与身边罗布泊的变迁有直接关系。罗布泊是一个变化无常的湖泊，被称为“会迁徙的湖泊”。古代，罗布泊就在楼兰古城北，司马迁说楼兰古城“临盐泽”就是指的罗布泊。专家们指出，孔雀河与车尔臣河汇入塔里木河，经库鲁克河流入罗布泊。罗布泊是古楼兰的生命之源，罗布泊的迁移，使楼兰水源枯竭，植物死亡，导致了气候恶劣，楼兰人继续留在这里只能坐以待毙，于是他们只好弃城别走，楼兰古城也就在历史上消失了。

许多学者也认为，古楼兰的衰亡是与社会人文因素紧密相连的。楼兰古城的最后存在时间在东晋十六国时期，这正是我国历史上政局最为混乱的时期，北方许多民族自立为藩，相互争战。而楼兰处在军事要冲，为兵家必争之地。频繁的战争、掠夺性的洗劫使楼兰的植被和交通商贸地位受到了毁灭性的破坏。而沙漠边缘的古城丧失了这两个基本要素，也不可能存在下去。于是，它就变成今天满目黄沙、一片苍茫的景象。

楼兰被遗弃的真正原因到底是什么？专家学者们还在探索……

3. 荒丘之下的埃布拉古城

在叙利亚北部城市阿勒颇与哈马之间，是一片无垠的沙漠，沙漠中有个名叫特尔·马尔狄赫的巨大土丘，高出周围地面约 10 米，远远望去，气势非同一般，20 世纪轰动全球的最重大考古发现之一——埃布拉古城遗址即沉睡在这座引人注目的荒丘之下。

约在公元前 4000 年，特尔·马尔狄赫土岗这里已有原始先民定居，到公元前 2900 年左右，埃布拉城已是西亚比较强盛的王朝都城。整个王国是以埃布拉都城为中心联合附近一些村庄和城镇而形成的，故有些学者称之为“城邦国家”。据估计，当时埃布拉都城里聚居着约 3 万居民，整个埃布拉王国鼎盛时期的人口有二三十万，是古代西亚城邦国家中人口较多的国家之一。

公元前 3000 年建造的埃布拉城平面大致呈菱形，最宽处约 1 000 米，有 4 门，遗址总面积 56 万平方米，城址中央最近似圆形的卫城，直径约 170 米。在卫城中建造的王宫，宫墙高达 15 米，宫殿鳞次栉比，千门百户，结构复杂多变，阶梯走廊曲折相通，是王宫成员的居住区。在城墙和卫城之间是普通居民的生活区。卫城中还建有王室档案库，里面存放了大量完整的文书。

埃布拉古国自公元前2900年始到公元前1600年终，延续达1 300年之久。刀光剑影，血雨腥风，终于将这个盛极一时的王国埋葬，以致湮没无闻数千载。

公元前3000～公元前2500年，以埃布拉城为中心的王国是一个高度发展的奴隶制国家，王室、神庙僧侣和世俗贵族都占有大量的私有土地，以地域关系为纽带结合起来的农村公社仅占有少量土地。在埃布拉文明的晚期，贫富分化悬殊，社会矛盾激化。由于统治者长年实行募兵制，使之拥有了一支兵种齐全、装备精良、训练有素、战斗力强的常备军。国王凭借军事力量，对内加强统治，对外频繁发动侵略战争。共有260座城市很可能都曾被埃布拉王国军队征服过，随着军事侵略的胜利和王国版图的扩大，大量奴隶和财富流入埃布拉国内，奴隶制经济空前繁荣，王国的工商业也相当发达。

就在埃布拉城邦王国称雄一时的时候，两河流域另一个奴隶制城邦阿卡德王国强大起来。公元前2291～公元前2255年在萨尔贡一世的孙子那拉姆·辛统治时期，那拉姆横征暴敛，滥杀无辜，他率领军队亲征埃布拉王国，并将埃布拉都城焚毁殆尽。由于这场火灾，王室档案库中的大量黏土版文书得以完整地保存下来，成为人们研究西亚历史的珍贵文献资料。

阿卡德王国的军队撤退后，埃布拉人在废墟上重建家园，修筑了宏伟壮观的大神庙等重要建筑，古都恢复了昔日的繁华和喧闹。但好景不长，在公元前2000年左右，游牧民族阿摩利人的铁蹄践踏了这里，再度将这座城市掳掠一空，临走时又放了一把大火将其焚毁，此后，阿摩利人长驱直入，到达巴比伦尼亚建立了古巴比伦王国。埃布拉古国由于迭遭浩劫，日渐衰落，公元前1600年，最后一场大火将埃布拉都城彻底毁灭，埃布拉居民也突然消失得无影无踪。这场毁灭性的灾难究竟是由于统治者内部纷争造成的，还是由于来自北方小亚细亚的强悍民族赫梯人的侵略，似乎已成为一个永远无法解开的历史之谜。

埃布拉古城的发现是一个具有划时代意义的重大历史事件，在这样一个严重干旱、人迹罕至、鸟兽绝迹的沙漠地区，人类曾建立过一个繁荣的王朝和辉煌的都城，创造过光辉灿烂的文化，的确是一个了不起的奇迹。

4.死亡之海中的圆沙古城

圆沙古城是一座2 000多年前的古城，它位于塔克拉玛干沙漠腹地，南距于田县200余千米处，坐标为东经81°～31°，北纬38°～52°，这个点恰好在沙漠中央。

维吾尔族人称这里为“尤木拉克库木”，意思是“圆沙丘”。这里的沙丘的确都是圆的，这座古城的确堪称“圆沙古城”吧。这是新疆目前发现的最早古城，其年限早于西汉。为什么要在沙漠中心地带筑一座规模如此大的城呢？有城就有国，这是一个什么样的国家？为什么这样一座规模空前的沙漠之城，竟然不见于任何记载，难道他们与外部世界没有任何联系？

塔克拉玛干沙漠幅员 33.76 万平方千米，东西长约 1 000 千米，南北宽约 400 千米，为世界第二大流动沙漠。它有一个通俗、形象且直截了当的称呼——“死亡之海”。生活在沙漠边缘的维吾尔人对塔克拉玛干词义的另一种解释为“过去的家园”。

一位人类学家曾经说过：“打开人类文化之谜的钥匙可能就在塔里木。”这里是东西方文化的交汇地，古希腊-罗马文明、两河文明、印度文明和华夏文明在这里相遇，都留下了无法抹去的痕迹。这里也是“人种博物馆”，民族众多，种源复杂，他们携带着来自不同地域、非常遥远的古代人类信息。那么，圆沙古城的发现，是否意味着打开人类文化、种族之谜的“钥匙”已经离我们不远了呢？

1994 年 10 月 25 日，中法考古队在茫茫沙漠中发现了若隐若现的城墙，墙外用胡杨枝、芦苇类淤泥、畜粪堆积成护坡。墙的拐角处有一些直角的“土坯”。这并不是真正的土坯，而是将河道中的淤泥切割成块直接砌到残墙上的。城墙残存 473 米，城周长约 1 千米，呈不规则的圆形，南北最长处距离为 330 米，东西最宽处距离为 270 米。

这种圆形古城一般见于人类早期，此后都以方城为主。流沙已基本上覆盖了古城，城内有 6 处建筑遗迹暴露在流沙之外，因风蚀仅存不足半米的立柱基部。地表散布着一些陶片、钢铁小件、石器以及数量不少的动物骨骼。

城有东、南两门，城门关闭着，长长的门闩仍在门后没有闩上。一座城不仅没有留下自己的历史，甚至连个名字也没留下。

神秘遗存最大的神秘在于为什么要在沙漠中心地带筑一座规模如此大的城？这样一座规模空前的沙漠之城，竟然不见于任何记载，难道他们与外部世界没有任何联系？古城的文化沉积层厚达 1.2 米，这里肯定经过漫长的岁月累积。在这样漫长的时间里，难道他们竟可以做到不让外面得知他们的任何信息？

古城周围是纵横交错的渠道，其中一条渠道的遗迹宽达 1 米左右，这些渠道也成为新疆目前最早的古渠道遗存；城内发现炼渣，说明这里曾有冶炼业；城中散布数量很多的动物骨骼，羊、骆驼量较多，其次为牛、马、驴、狗，还有少量的猪、鹿、兔、鱼、鸟骨等。尤其值得注意的是骆驼，它一般只能作为驮载工具，用于沙漠长途运输。骆驼骨数量之多，只能说明这里与外界有着广泛联系，极可能用于商业目的。

圆沙古城中发现的 20 多座古墓葬，大都因风沙暴露于地面，葬具、人骨已一触即碎，个别保存较好的还可以略微看出圆沙人的一些特征。他们内穿粗、细毛布衣，上身着皮衣，有的还有帽饰和腰带。毛布分平纹和斜纹，织有几何形图案，头发是棕色的。男的头发绕成发辫，有的还饰以假发，高鼻深目，不属黄皮肤的蒙古人种。

圆沙古城中没有发现西汉以后的文物，这座古城应该在西汉以后便废弃了。根据史籍记载的西域三十六国的位置，圆沙当在弥国管辖范围。《汉书》中说："弥国……户三千三百四十，口二万四十，胜兵三千五百四十人……南与渠勒、东北与龟兹、西北与姑墨，西通于阗三百九十里……"至今考古学家尚未找到弥的王城，也无法确认其疆域和文化遗存。难道圆沙古城就是弥国故址？但圆沙古城既没有发现丝绸等汉文化的典型物品，也不见当时流行于塔里木盆地的怯卢文简牍，这令人难以理解。

在圆沙古城中，还有许多神秘的圆洞。城南的圆洞最为密集，大大小小的袋状圆洞排列在沙漠上。对于这些神秘圆洞，只有对圆沙古城进行更完整的发掘、更详细的研究才有可能找到一些线索。这样一座城池为何神秘不见了，它是如何消失在流沙之中的呢？考古学家在城中发掘到了一些铜镞，却没有找到更多与战争有关的痕迹。《大唐西域记》中讲述过一个失踪在沙漠之中的曷劳落迦城的故事。该城的居民由于不敬神招致神怒，神降下七日七夜的风暴毁灭了这座城，从此，无论谁企图接近这里，都会"猛风暴发，烟云四合，道路迷失"。据此推测圆沙古城的消失可能与“风暴”有关。

根据卫星照片显示，这里曾是克里雅河的一个古老三角洲。克里雅河发源于昆仑山中段，从南向北流入塔克拉玛干沙漠。这条河流在出昆仑山的山口处滋润了现在的于田县绿洲，在沙漠深入 200 千米处消失在茫茫沙漠中。中科院新疆分院生物土壤研究所周兴佳研究员考察证实，克里雅河在古代就像现在的和田河一样，从南到北贯穿沙漠，汇入沙漠北缘的塔里木河。

据说，克里雅河最后一次注入塔里木河大约在 1 000 年前，其三角洲和老河道完全沙化，大约经历了漫长的历史演变。这就是说，圆沙人生活的那个时代正处在克里雅河三角洲和河道的沙化时期。圆沙古城的沙化是一个渐进的过程。城中 1.2 米的土层中，最底下是淤泥芦苇，然后渐渐有了细沙，越往上沙化越严重。克里雅河现在消失的地方距北边的塔里木河已有 200 多千米，其间是一望无垠的黄沙。河流在一步步向后退缩，而人类也在渐渐地从沙漠腹地向外迁移。

环境的恶化从植物身上也获得了充分的说明。胡杨是生命力极强的树种，被人形容为“生千年不死，死千年不倒，倒千年不朽”。然而在圆沙古城几千米的范围内，考古学家们没找到一棵胡杨。与此同时，圆沙人几乎所有的生产、生活用品都取自胡杨：筑城墙，做城门，造房子；木桶、木碗、木梳；做饭，冶炼等。从这个现象所得出的结论只有一个，过量的采伐导致——起码是加剧了圆沙绿洲生态环境的恶化。

我们现在已经很难知道圆沙古城消失的真正原因了，但我们可以想象最后一批圆沙人告别这座千年古城时，那凄然、无奈、令人心碎的目光。这些深目、高鼻、棕发的圆沙人最后流浪到何处去了？如果他们还生活在这个世界的某个角落，他们的血液里、歌谣中、习俗间是否还残存着失去家园的巨大痛苦？

5. 被人遗弃的非洲杰内古城

杰内古城位于非洲的第三大河——尼日尔河与其支流巴尼河形成的内陆三角洲附近，以独特的撒哈拉-苏丹式建筑风格著称于世，被世人喻为“尼日尔河谷的宝石”。古城始建于公元前 200 年，最初只是西非人在尼日尔河边建起的一个小的定居点，随着这个定居点的规模逐渐扩大，800～1000 年期间，杰内已发展成为繁华的贸易中心，它可能是撒哈拉以南非洲最古老的城市。

在 8 世纪以前，商人们穿越撒哈拉沙漠时，是靠骆驼来驮货物的，到 8 世纪时，横越撒哈拉沙漠的贸易已完善地建立起来。杰内人有经商传统，他们从南撒哈拉地区用船运来黄金、象牙和动物制品作为交换，然后买到盐、布匹、陶器和马匹。14 世纪时，杰内古城达到了鼎盛期，黄金帝国马里的名声甚至传到了欧洲。欧洲人发现美洲之前，非洲黄金或称“几内亚”黄金几乎是欧洲唯一可被买卖的黄金。

然而铁器对当时的西非农民来说远比黄金珍贵得多，因为黄金不可能制成锄头。因此，那些将矿石变成金属工具制品的铁匠，就成了令人尊敬的人。学者们发现，西非的铁匠能够使用拨火棍红热的尖头和活体病毒，成功地为人们接种天花疫苗，这比欧洲发明出来的办法要早得多。

杰内古城的中央广场将古城分为东、西两部分，东部的建筑物较多，商业活动频繁，王侯宅第颇具特色，西部为手工业区。据有关资料显示，当时的杰内古城大约有27 000人，有各种专门的手工业者，包括泥瓦匠、能制造出带有黑白花纹的精致器皿的陶匠以及加工铁、铜和黄金的工匠。城里居民的住所颇具特色，房屋一座紧挨着一座，中间是狭窄阴暗的小巷，其宽度仅容两人并行通过，曲折环绕。方形的房屋远远望去宛如一块块切削整齐的大泥块，院墙用泥沙涂抹，院子中央有一个公共场所，整座院子只有一个出口，木制大门用粗大的铁钉装饰。

杰内古城最早的先民们居住的房屋是用圆木杆与芦苇席搭建起来的，外面再用泥巴覆盖。有些墙上的泥巴已经被阳光烤干，又被意外的大火烧硬，上面至今依稀可见草席编织的印痕。在灶坑中挖出的骨头和碳化的谷物证明，当时城镇的财富是建立在它的农业活动基础之上的。杰内古城的先民不仅从事农业，而且还掌握了炼铁的技术。在此发现的熔炉以及大量的铁矿渣可以证明，早在公元前 3 世纪，杰内古城的居民们就已经在大规模地进行炼铁。

环绕该城的是盛产铁矿的贝尼杜古地区。在遗址民居中发现的古代铜制发饰表明，该城与远在其北部 600 英里以外的矿区也有贸易往来，而在古城墙下发掘出来的耳环则证明，其加工所用的原材料来自草原与森林地区的金矿，它们位于距离这里很远的南方和西方。

对发掘出来的谷物进行放射性碳-14 鉴定，表明这个城市的历史从公元前 3 世纪开始一直延续到 13 世纪为止。人们在那里生活了 1 500 余年，然后神秘地将这座城市废弃了。

到 14 世纪，一座新的杰内城在距旧城西北数英里以外的地方发展起来，这就是今天的杰内城。杰内城中心广场在 14 世纪清真寺旧址上重建的杰内大清真寺，属于典型的撒哈拉-苏丹式建筑。清真寺呈四边形，长宽约 75 米，高 20 米，建筑面积达 3 025 平方米，在建造时是用一种特殊的黏土和椰子树树枝为骨架建造而成的。100 根粗大的四方体泥柱支撑着祈祷大厅的屋顶，屋顶上密密地排列着 104 个直径 10 厘米的气洞。高大宽阔的寺门极为壮观，寺院的主墙由 3 座塔楼构成，塔楼在 5 根泥柱的连接下成为一体。清真寺朝东的正墙上有三个尖形塔，塔尖放置着象征繁荣与纯洁的鸵鸟蛋。

令人不解的是，在 13 世纪时，这座被长达两千米多的厚重土坯墙围挡的、有着 11 个街区的自然古城，和它周边附属的村落一起被废弃了。

杰内古城随着岁月流逝，给世人留下了无数谜团。现代考古学唤醒了人们对这个早已被废弃的古城的记忆，或许它的进展也会在将来某个时候能够揭开这个古城为何被废弃的疑云。